Johann Anselm Steiger
Melancholie, Diätetik und Trost

Herrn Professor Dr. Gottfried Seebaß
in Dankbarkeit und Verehrung zugeeignet.

JOHANN ANSELM STEIGER

MELANCHOLIE, DIÄTETIK UND TROST

Konzepte der
Melancholie-Therapie
im 16. und 17. Jahrhundert

MANUTIUS VERLAG HEIDELBERG

VORWORT

Diese Studie ist eine erweiterte Fassung der öffentlichen Antrittsvorlesung, die ich nach meiner Habilitation im Fach Historische Theologie an der Universität Leipzig und meiner Umhabilitierung an die Theologische Fakultät der Universität Heidelberg im Sommer-Semester 1995 in der Alten Aula der Ruprecht-Karls-Universität Heidelberg gehalten habe. Ich danke der Herzog August Bibliothek Wolfenbüttel, die mir durch ein Stipendium die Einarbeitung in das hier in Auswahl vorgestellte Quellenmaterial ermöglichte und mir freundlicherweise eine Abdruckgenehmigung für die in diesem Band befindlichen Abbildungen erteilte.

Die Zitate aus den Quellen des 16. und 17. Jahrhunderts sind im Haupttext um der besseren Lesbarkeit willen der heute üblichen Schreibweise angeglichen worden. Diplomatisch genaue Wiedergaben der betreffenden Passagen sind in den Anmerkungen zu finden.

Heidelberg, im Juni 1995   Johann Anselm Steiger

INHALTSVERZEICHNIS

Vorwort	5
1. Einleitung	9
2. Martin Luther	11
3. Simon Musäus und Johannes Mathesius	20
4. Wilhelm Sarcerius und Cyriacus Spangenberg	39
5. Lucas Osiander und Felix Bidembach	51
6. Johann Muehlmann	61
7. Sigismund Schererz	73
8. Bernhard Albrecht	81
9. Johann Olearius	95
10. August Pfeiffer	101
Anmerkungen	109
Abkürzungen biblischer Bücher	143

1. EINLEITUNG

Die Melancholie, die ‚Schwarzgalligkeit', ist seit der Antike immer wieder Gegenstand des philosophischen, medizinischen und poetischen Interesses geworden. Die wissenschaftliche Erforschung der Melancholie ist sehr rege und vielschichtig.[1] Die Melancholie ist ein Modethema. Dennoch ist es nötig, sich aus theologie- und frömmigkeitsgeschichtlicher Sicht dem Thema erneut zu nähern. Eher noch bekannt ist der historische Umstand, daß Luther als Seelsorger hier und da antimelancholischen Trost gespendet, ja an eigenem Leib und eigener Seele die melancholische Anfechtung erfahren hat. Zur Melancholie in der Literatur und Dichtung[2] des 17. Jahrhunderts liegen germanistische und anglistische Arbeiten vor, und Schings hat die Melancholie in Pietismus und Aufklärung thematisiert. Nahezu unbekannt aber ist die große Menge antimelancholischer Trostbücher der lutherischen Orthodoxie[3] und deren seelsorgliches Programm der Melancholietherapie in seinen spezifischen historischen Umständen. Das liegt daran, daß die altprotestantische Orthodoxie in der Forschung immer noch sträflich vernachlässigt wird und zwischen der Erforschung der Reformationszeit und des Pietismus eine ungeheure Lücke klafft. An vielen Orten noch pfeifen die Spatzen die Forschungslegende von den Dächern: Die altprotestantische Orthodoxie sei dogmatistisch-verbohrt und tot gewesen und habe die Frömmigkeit und die Seelsorge geringgeschätzt. Diese Geschichtsvergessenheit hat u. a. auch zur Folge, daß die einzigen beiden Choräle, die die Schwermut explizit zum Thema haben und antimelancholischen Trost spenden, aus dem neuen Gesangbuch gestrichen worden sind[4]. Die Kirche hat sich damit der Möglichkeit begeben, in therapeutischer Weise aus ihrer antimelancholischen Tradition zu schöpfen. Dabei wollten sich die Gesangbuchrevisoren doch lebens- und alltagsnah an aktuellen und existentiellen Fragen der Zeit orientieren. In Sachen Melancholie tun sie es nicht.

In dieser kleinen Studie soll es darum gehen, die Bekanntschaft mit einigen unbekannten orthodoxen Theologen zu machen, die Seelsorge an Schwermütigen betrieben haben und die in ihrer Zeit eine recht starke Breitenwirkung erzielt haben. Damit die Aufarbeitung dieser heute in Vergessenheit geratenen Tradition etwas leichter falle, sei mit dem Porträt eines alten Bekannten begonnen:

2. MARTIN LUTHER

„Daher haben die Alten gesagt / Caput Melancholicum est Diaboli paratum balneum"[5] (Ein melancholisches Haupt ist ein Badehaus des Teufels). Der Melancholiker wie jeder Angefochtene hat es nach Luther mit dem Teufel zu tun, er ist teuflisch besessen. Ähnlich wie im Kontext seiner Seelsorge an zu Suizid neigenden Menschen[6] ist Luthers Satanologie (die Lehre vom Teufel) auch an dieser Stelle die Bedingung der Möglichkeit dafür, die Melancholie anders als in der mittelalterlich-scholastischen Theologie nicht mehr als eine Todsünde, nämlich als tristitia (Traurigkeit), zu moralisieren, sondern sie im Kontext der Rechtfertigungslehre neu zu thematisieren. Die Dialektik der Melancholie nämlich besteht sowohl für Luther als auch für die sich an ihn anschließenden Seelsorger der Orthodoxie darin, daß sie zwar einerseits Folge der Tatsache ist, daß der Glaubende noch den alten Adam und damit die Sünde an sich trägt, daß die Melancholie aber andererseits Teil und Ausdruck der *göttlichen* Traurigkeit (2Kor 7,10) ist, die eine Reue zur Seligkeit wirkt, die niemand gereut.[7] Das prominenteste biblische Beispiel in dieser Hinsicht ist Hiob, über den Gott dem Teufel einen begrenzten und vorübergehenden Machtbereich zugesteht, um seinen Glauben zu prüfen, ihn aber nicht ins Verderben stürzt oder dem Teufel endgültig ausliefert.

Die melancholische Krankheit ist daher eine Manifestation der dem alten Äon angehörenden satanischen Verderbensmacht, die bis zum Jüngsten Tag noch zur Wesensbestimmung des Menschen gehört. Sie ist aber auch und gleichzeitig ein von Gott behutsam und im Sinne der providentia Dei (Vorsehung Gottes) ‚vorsichtig' eingesetztes Mittel, die Menschen im Glauben zu schulen. Schon Luther – und die Orthodoxie wird ihm hierin folgen – hat also das Phänomen ‚Melancholie' aufgrund der reformatorisch-biblischen Dialektik des ‚simul iustus et peccator' (‚Gerechtfertigter und Sünder zugleich') neu zu beschreiben versucht und es damit in die wieder ans Licht gekommene schriftgemäße Theologie integriert. Der Mensch, der allein durch den Glauben von Gott gerechtfertigt wird, bleibt dennoch auch als Gerechtfertigter bis zum Jüngsten Tag Sünder. In der Schwermut wird sinnenfällig, daß der Mensch noch durch die verderbliche Macht der Sünde bestimmt ist, gerechtfertigt aber darin ist, daß Gott ihn als dieser Prüfung würdig befindet und ihm verheißt, ihn zu trösten. Die Melancholie gehört nach Luther zu den mannigfachen casus conscientiae (Gewissensfällen) leiblicher und geistlicher Noterfahrung und tentationes (Anfechtungen), die nach Jes 28,19 auf das Wort merken lassen, nämlich auf das biblische und allein wahrhaft und wirksam tröstliche verbum Dei.

Der Mensch wird durch den Glauben mitsamt all seinen Affekten coram Deo (vor Gott) und damit in die Gottesbeziehung hineingestellt und eine neue Kreatur, die voller Freude ist über die ihr geschenkte Gnade und Barmherzigkeit. Doch noch in dieser Freude der Glaubenden, die als Gewißheit des Glaubens eine Vorwegnahme der eschatologischen laetitia ist, bedient sich Gott des erzieherischen Mittels der Melancholie und Traurigkeit, um die Menschen vor falscher und teuflischer Sicherheit (securitas) zu bewahren. In der Auslegung von Ps 2,11 sagt Luther: „Auf die Weise, spricht der heilige Geist, werdet ihr diesem Könige dienen, daß inwendig und auswendig Freude sei, doch mit Scheu und Ehrerbietung, daß wir nicht zu Säuen werden und allzu sicher und in eine fleischliche Fröhlichkeit geraten. Denn Gott ist wohl zufrieden, es ist ihm nicht zuwider, daß wir fröhlich und guter Dinge sind, wenn man nur nicht sicher ist. Ja, mit Traurigkeit und Schwermütigkeit erzürnet und beleidiget man ihn. Er will ein fröhlich Herz haben."[8] So kann Luther das auch im humanistischen Umkreis bekannte Ideal der aristotelischen μεσότης hervorhebend den Mittelweg zwischen Freude und Traurigkeit anpreisen. „Denn Gott hat nicht gewollt, daß wir im Himmel oder auf Erden, sondern im Mittel sollen sein [...] In Summa: Welche Christen sind, die sind nicht zu gar furchtsam noch zu gar fröhlich."[9]

Die Schwermut ist nach Luther gleichbedeutend mit der Anfechtung, die mithilfe des verklagenden, aber nicht rettenden mosaischen Gesetzes das Gewissen des Menschen zu einem ungewissen und ungetrösteten werden läßt. Christus ist der einzige „medicus", der diesen geistlichen Defekt heilen kann, und vor ihm ist kein solcher gewesen. „Kein Arzt hat jemals diesen Mangel geheilt" („Nullus medicus unquam curavit talem defectum."[10]) Wenn der Gottessohn nach Mt 11,5 „den betrübten, elenden, geängsteten Gewissen, die erschrocken Herz haben", das Evangelium predigt und ihnen somit den Freispruch von der teuflischen Anklage zuspricht, dann predigt er all jenen, „die gehen in melancholia"[11]. „Desgleichen ist das Evangelium eine tröstliche und gnadenreiche Predigt den Elenden, daß Christus ihnen helfen will und will der König sein, der den Toten, Sündern, Gefangenen sub lege hilft. Das ist mein Reich sagt er."[12] Der Teufel ist der Trauergeist, der in seiner

Schwermut Gesellschaft haben und die Menschen darum mit der Melancholie anstecken will. „Denn der Teufel hat Lust dazu, daß er einen Melancholicus aus mir mache."[13] Damit sich derart Angefochtene vor dem Teufel schützen können und die in der Taufe einstmals vollzogene Absage an den Teufel (abrenuntiatio diaboli) und den mit ihr zusammenhängenden Exorzismus wiederholen können, legt Luther den Schwermütigen folgende Worte in den Mund, die aus dem Glauben leben, daß alle Verderbensmächte durch den Tod Christi überwunden sind und daher alle Anfechtungen dem Glaubenden zum Besten dienen (Röm 8,28): „Beiße, Teufel, so lang du willst. Schrecke, laß mich einen Melancholicus werden, ich drohe dir mit dem Christus, daß du nicht sollst ausrichten, was du im Sinne hast, du sollst mich nicht so traurig machen als du denkst. Du hast einen Herren über dir, der dich unter die Füße soll werfen."[14]

Luther, der selbst tiefgreifende Erfahrungen mit der Schwermut gemacht hat, ist immer wieder darum bemüht, das Krankheitsbild der Melancholie deskriptiv-phänomenologisch zu erfassen. Schwermütige sind ‚von Sinnen', „weil die Gedanken des Herzens von den Sinnen abstrahiert sind."[15] Die Schwermut zieht den Menschen in die Lethargie hinein und schaltet die Sinne aus. „Die Anfechtung macht einen Menschen ganz schläfrig und faul wie die Jünger im Garten waren. Die Traurigkeit absorbiert alle Sinne."[16] Deswegen vergeht den Melancholikern Hören und Sehen, und sie wissen oft nicht, was sie essen und trinken. Hierin manifestiert sich die innere Dialektik der Melancholie, einerseits ein Zustand geistiger Umnachtung („obumbratio"), andererseits aber Ausdruck höchster geistiger Konzentration und Kapazität sowie Folge angestrengter Meditation zu sein. „Das ist zu sehen an den Melancholikern. Sie hören nichts, während sie mit anderen reden, trinken, ein- oder ausgehen. Sie sehen auch nichts. Denn die Gedanken des Herzens sind abstrahiert von den Sinnen. Daher nimmt ein melancholischer Geist, der von Überlegungen zu anderen Dingen besetzt ist, nicht das wahr, was offen vor die Sinne kommt. Der Melancholiker ist anwesend, während andere sich unterreden und Geschichten und Fabeln rezitieren, und dennoch hört er nichts davon, weil der Geist gewissermaßen herumschweift. Ein Melancholiker weiß oft nicht, was er ißt und trinkt, ob es nun Bier oder Wein ist. Von Bernhard von Clairvaux wird erzählt, daß er Öl statt Wein getrunken habe, während er meditierte. Und viel mehr geschieht dies, wenn die geistliche Umnachtung herbeikommt und der geistliche Geist ganz auf geistliche

Dinge ausgerichtet ist."[17] In erster Linie wir Geisteswissenschaftler laufen Gefahr, wenn wir am Schreibtisch sitzen, aus dem Tintenfaß statt aus der Kaffeetasse einen Schluck zu nehmen. Das soll vorkommen.

Die Schwermut als Krankheit des Geistes hat es – so Luther – nach Sir 30,25; Prv 17,22 und 2.Kor 7,10 an sich, daß sie den Leib in Mitleidenschaft zieht und schließlich zum Tod führen kann.[18] Als diätetische Mittel, um der Schwermut Herr zu werden, nennt Luther sowohl weltliche Zerstreuungen, als auch geistliche Übungen. In seinem berühmten Brief an den schwermütigen Fürsten Joachim von Anhalt ermahnt Luther denselben, leibliche und geistliche Freuden zu suchen, zu reiten, zu jagen und die Kommunikation zu suchen.

„Gnade und Friede in Christus! Durchlauchtiger Fürst, gnädiger Herr! Mir hat Magister Nicolaus Hausmann angezeigt, wie E[uer] F[ürstliche] G[naden] etwas schwach gewesen sind, aber doch nun, Gott Lob, wiederum zu Paß worden.

Mir fället aber oftmals ein, wie E. F. G. ganzer Stamm fast ein eingezogen, still, löblich Wesen geführt, daß ich zuweilen denke, es möchte auch wohl die Melancholia und das schwere Gemüt oft Ursach sein zu solchen Schwachheiten. Darum wollte ich E. F. G., als einen jungen Mann, lieber vermahnen, immer fröhlich zu sein, zu reiten, zu jagen und anderer guter Gesellschaft sich zu fleißigen, die sich göttlich und ehrlich mit E. F. G. freuen können. Denn es ist doch ja die Einsamkeit oder Schwermut allen Menschen eitel Gift und Tod, sonderlich einem jungen Menschen. So hat auch Gott geboten, daß man solle fröhlich vor ihm sein, und will kein trauriges Opfer haben, wie das im Mose oft geschrieben stehet und Ecclesiastes 12 [= Koh 11,9]: ‚Freue dich, Jüngling, in deiner Jugend, und laß dein Herz guter Ding sein!' Es glaubt niemand, was Schaden es tut, einem jungen Menschen Freude wehren und zur Einsamkeit oder Schwermut weisen.

E. F. G. haben den Magister Nicolaus Hausmann und andere mehr, mit denen seien Sie fröhlich. Denn Freude und guter Mut (in Ehren und Züchten) ist die beste Arznei eines jungen Menschen, ja aller Menschen. Ich, der ich mein Leben mit Trauren und Sauersehen habe zugebracht, suche jetzund und nehme Freude an, wo ich kann. Ist doch jetzt, Gottlob, so viel Erkenntnis, daß wir mit gutem Gewissen können fröhlich sein und mit Danksagung seiner Gaben brauchen, dazu er sie geschaffen und Wohlgefallen daran hat.

Habe ich's nicht getroffen und hiermit E. F. G. Unrecht getan, wollen E. F. G. mir den Fehl verzeihen gnädiglich. Denn ich fürwahr denke, E. F. G. möchte zu blöde [= schüchtern] sein, fröhlich sich halten, als wäre es Sünde, wie mir oft geschehen und noch wohl zuweilen geschieht. Wahr ist's, Freude in Sünden ist der Teufel, aber Freude mit guten, frommen Leuten in Gottesfurcht, Zucht und Ehren, obgleich ein Wort oder Zötlein zu viel ist, gefället Gott wohl.

E. F. G. seien nur immer fröhlich, beides inwendig in Christus selbst und auswendig in seinen Gaben und Gütern; er will's so haben, ist darum da, und gibt darum uns seine Güter, sie zu gebrauchen, daß wir sollen fröhlich sein und ihn loben, lieben und danken immer und ewiglich.

Schwermut und Melancholia wird das Alter und andere Sache selbst wohl überflüssig bringen. Christus sorget für uns und will uns nicht lassen. Dem befehl ich E. F. G. ewiglich, Amen. Am Pfingstabend zu Wittenberg im 1534.   E. F. G. williger
D. Martinus Luther."[19]

Der Musik kommt nach Luther eine besonders starke antimelancholisch-therapeutische Funktion zu, wie bereits an dem Exempel Sauls zu lernen sei. „Die Musik ist der besten Künste eine. Die Noten machen den Text lebendig. Sie verjagt den Geist der Traurigkeit, wie man am König Saul sieht [...] Die Musik ist das beste Labsal einem betrübten Menschen, dadurch das Herz wieder zufrieden, erquickt und erfrischt wird."[20] In einem Trostbrief ermutigt Luther seinen Schüler und Freund Matthias Weller (1499–1572) daher, sich mit dem Entschluß „aus, Teufel, ich muß jetzt meinem Herrn Christus singen und spielen"[21] aus der schwermütigen Trägheit herauszureißen und im Gesang göttlichen Trost zu suchen.

3. SIMON MUSÄUS UND JOHANNES MATHESIUS

Simon Musäus war Pfarrer fast überall in Deutschland. Er erlebte zehn Vertreibungen, bekleidete kein Amt länger als vier Jahre und kannte die Melancholie gut.[22] Musäus wurde 1521 (oder 1529?) in Vetschau (Spreewald) geboren, studierte in Frankfurt/O. und in Wittenberg, u. a. bei Philipp Melanchthon. 1547 wurde Musäus Griechischlehrer an der Sebaldschule in Nürnberg,

1549 Prediger in Fürstenwalde, 1552 in Crossen (Sachsen). 1554 wurde er Antistes und Pfarrer in Breslau, und am 8.3.1554 fand seine Promotion zum Doktor der Theologie in Wittenberg statt. Es folgte die Berufung zum Superintendenten nach Gotha, 1558 wurde Musäus Propst in Eisfeld (Franken) und im selben Jahr Superintendent und Professor in Jena. 1562 erreichte ihn ein Ruf nach Bremen, und im selben Jahr wurde Musäus Superintendent in Schwerin. 1565 siedelte er nach Gera (Vogtland) über, 1569 wurde er Prediger und Professor am Gymnasium in Thorn, entweder davor oder danach Superintendent in Coburg, dann Prediger in Soest und schließlich Dekan in Mansfeld. Am 11.7.1576 (oder 1582?) starb Musäus.

Sein seelsorgliches Werk „Melancholischer Teufel. Nützlicher Bericht und heilsamer Rat, gegründet aus Gottes Wort [...]"[23] hat für die Entwicklung des breiten Stromes antimelancholischer Literatur der Orthodoxie zentrale Bedeutung.[24] Es ist dies einer der frühen Versuche, die Luthersche Seelsorge und die eher verstreut aufzufindenden Aussagen Luthers über die Therapiemöglichkeiten der Melancholie zu systematisieren und die reformatorische Seelsorge auf das spezielle Phänomen der Schwermut zuzuspitzen. Hier jedenfalls ist eine wichtige Wurzel der breit ausgedehnten

Melancholischer Teufel/
Nützlicher be=
richt vñ heilsamer Rath/
Gegründet aus Gottes Wort/
wie man alle Melancholische/ Teufli=
sche gedancken/vnd sich trösten sol/ Inson=
derheit allen Schwermütigen
hertzen zum sonderlichen
Trost gestellet
Durch
Simonem Musæum/ der hei=
ligen Schrifft Doctor.

Syrach am 30.

Mache dich selbs nicht trawrig/vnd plage dich
nicht selbs/mit deinen eignen gedancken. Denn
ein frölich hertz ist des menschen leben/Vnd seine
frewde ist sein langes leben. Thu dir gute/ vnd
tröste dein hertz / vnd treib trawrigkeit ferne von
dir/Denn trawrigkeit tödtet viel leute/vnnd die=
net doch nirgend zu. Eiuer vnd Zorn verkürtzen
das leben/ Vnd sorge macht alt vor der zeit.

Gedruckt zum Tham in der Newen=
marck/durch Christoff Rungen.
M. D. LXXII.

Simon Musäus, Melancholischer Teufel
(Herzog August Bibliothek Wolfenbüttel Alv. Ba 83)

Werke der lutherischen Orthodoxie über die Melancholie von Schererz und Pfeiffer zu finden, die im folgenden vorgestellt werden. Auffällig ist, daß – wie bei Luther – auch bei Musäus die Exegese von Ps 2,11 ein wichtiges Fundament der biblischen Beschreibung der Phänomenologie der Melancholie darstellt. Der „melancholische Teufel", der sich als ein „Engel des Lichts"[25] verstellen kann, führt den Menschen vom Mittelweg ab und läßt ihn auf zwei Holzwegen in die Irre gehen: auf demjenigen der falschen securitas und demjenigen der tristitia. „Die Mittelstraße wahrhaftiger Bekehrung zu Gott ist gebaut auf Gottes Furcht und Vertrauen, laut des 2. Psalms [...] Der Holzweg zur Rechten ist vermessene Sicherheit, der Holzweg zur Linken ist trostlose Furcht, Traurigkeit und Verzweiflung. So läßt nun die Melancholie die Mittelstraße der Furcht und des Vertrauens zu Gott liegen und führt auf beiderlei Holzwege."[26]

Die Melancholie ist nicht nur eine rein geistliche, innerliche Anfechtung, sondern zeitigt auch ein Krankheitsbild, das den Menschen in seiner psychosomatischen Einheit beschwert und an bestimmten leiblichen Symptomen erkennbar ist. In der Beschreibung dieses Krankheitsbildes, das sich als Schlaf- und Appetitlosigkeit und Anfälligkeit für Erkrankungen wie Schlagfluß und Schwindsucht ('Darre') äußert, steht Musäus in einer langen Tradition, die u. a. in Dürers berühmtem Kupferstich[27] zur bildlichen Darstellung gekommen ist. „Denn dieweil der Leib mit der Seele in eine Person zusammen verbunden ist wie eine Herberge an ihren Wirt und wie ein Knecht an seinen Herrn, so muß er auch mit ihr Gutes und Böses leiden. Wenn nun die Seele von dem melancholischen Teufel mit heftigen Sorgen und Schmerzen gemartert, gebraten und gesotten wird, so verdorret und verwelket auch der Leib [...] Das Herz wird matt, der Magen wird schwach, alle Lust und Freude zu essen, zu trinken und zu schlafen vergehet, und es werden dadurch die aller geschwindesten Krankheiten erreget als der Schlag, die Darre und anderes."[28] Indem die Melancholie den Menschen besitzt und ihm einwohnt, versucht der Teufel, Gottes gutes Geschöpf zu zerstören und ihm Leib und Seele des Menschen als seine Wohnstatt streitig zu machen.[29] Das geistliche Krankheitsbild aber besteht darin, daß der Melancholiker meint, er müsse völlig allein gelassen alle Schwierigkeiten selbst lösen, und damit in Gottes Regiment und in seine Providenz (Vorsehung) eingreift. „Sintemal wir uns zuwider dem ersten Gebot, gleichsam auf Gottes Stuhl setzen, greifen ihm in sein Regiment [...] wollen uns ohne seinen

Dank selbst reich, gesund und selig dichten."[30]

Zwar weiß Musäus, daß der Mensch dadurch definiert ist, daß er ein sorgendes Wesen ist, doch reflektiert er biblisch-theologisch darüber, daß der menschlichen alltäglichen Sorge um Leib und Gut eine Grenze gesteckt ist und der Mensch die Dinge, die er selbst nicht lösen kann, nach Ps 37,5 getrost der göttlichen Sorge anheimstellen darf. Der Mensch soll sich etwa um seinen Alltag, seine Arbeit und sein leibliches Auskommen und Wohlergehen kümmern, aber die letztgültige Verantwortung und Sorge getrost Gott überlassen. „Befiehl dem Herrn deine Wege und hoffe auf ihn, er wird's wohl machen. Das ist nun das Gehege und Geschränk, so Gott zwischen unserer Sorge und seiner Sorge gemacht hat."[31] Der melancholische Teufel aber hat es an sich, dem Menschen diese Grenze zu verwischen, weswegen Musäus einem derart Angefochtenen die Worte in den Mund legt: „Nein, ich habe das Meine getan, weiter ist mir nichts möglich, nötig noch befohlen, sondern mein lieber Gott hat ihm selbst den Ausgang meiner getanen Arbeit und gebrauchter Mittel vorbehalten zu regieren und zu versorgen nach seinem Willen und Gefallen."[32]

Schon an dieser Stelle zeigt sich, daß die im mittelalterlich-scholastischen Bereich als primär und typisch mönchische Erfahrung definierte Schwermut mitsamt der seelsorglichen Bemühung um effektive leibliche und geistliche Therapieformen im Zuge der Reformationszeit aus den Klostermauern heraustritt und die Schwermut so zur potentiellen Bestimmung eines jeden Christenmenschen wird und daher auch den alltäglich-weltlichen Lebensbereich prägt und mitbestimmt. Interessant hierbei ist, daß Musäus nicht nur eine Phänomenologie der Melancholie im Kontext des Alltages entwirft, sondern auch versucht, den alltäglichen Lebensbereich in der Art der Therapie metaphernhaft fruchtbar zu machen. Denn der Schwermütige soll Gott die nagenden Sorgen anheimstellen und mit der Melancholie Feierabend und Sabbat machen. „Das heißt denn recht mit Sorgen gebührliche Maße gehalten, über alle hohe Berge des Glücks und über alle tiefe Tal des Unglücks in Gottes väterlichen Willen und Schutz sich geschwungen und von aller Melancholie einen seligen Sabbat und Feierabend gemacht und mit dem 62. Psalm gesagt: Meine Seele ist stille zu Gott, der mir hilft."[33] Hier wird das Berufsleben in tröstlicher Weise zum Abbild des Glaubenslebens und verdeutlicht, wie die Melancholie durch die Reformation in ihrer nicht nur eine gewisse monastische Elite angehenden Bedeutung, sondern als potentiell alle Glaubenden sowohl im Reich der Welt als im spirituellen Bereich treffende Anfechtung (tentatio) in ihrer ganzen Schärfe erstmals thematisiert und therapiert wird.

Gegen die Melancholie nun gibt es, da sie Leib und Seele gleichermaßen in Mitleidenschaft zieht, zwei Arten von Arznei, die beide von Gott gestiftet sind: äußerliche und geistliche. Daß die Melancholie doppelt reflektiert eine von Gott verliehene Auszeichnung nicht nur deswegen ist, weil der Glaubende durch die Anfechtung in die Schule des Heiligen Geistes geführt wird, sondern obendrein auch im Sinne der Nachfolge und Nachahmung (imitatio) Christi es mit der zweiten trinitarischen Person zu tun bekommt, wird darin deutlich, daß Musäus die Schwermut mit der Passionszeit und die Therapieformen mit dem Osterereignis analogisiert, indem er die verschiedenen Arten der Arznei benennt: „Solchem Jammer zu wehren, so hat uns Gott wider solche melancholische Marterwoche zweierlei Ostern zu halten, das ist zweierlei kräftige Mittel zu gebrauchen ohne Unterlaß befohlen."[34]

Die ersten beiden äußerlichen Heilmittel (remedia) gegen die Melancholie sind die Gesellschaft mit anderen Menschen und das Gespräch. Prv 12,25 zitierend rät Musäus Schwermütigen, nicht allein zu bleiben, da – wie am Exempel der Eva zu sehen ist – man eher vom Teufel übermannt wird, wenn man allein ist.[35] Einem Schwermütigen ist nötig „ehrlicher und gottesfürchtiger Leute Gesellschaft und Gespräch, wie Salomo Proverbien 12 sagt: Sorge im Herzen kränkt, aber ein freundliches Wort erfreuet."[36] Hieran zeigt sich, daß Musäus das schon von Luther in den ‚Schmalkaldischen Artikeln' empfohlene ‚mutuum colloquium fratrum'[37] (– das wechselseitige Gespräch der Brüder –) nicht nur im Sinne der Laienbeichte versteht, sondern auch als eine der ‚Psychohygiene' des Menschen zuträgliche Kommunikationsform über Dinge des Alltages. Es ist notwendig, daß der Mensch sich und das, was ihn bewegt, mitteilt.

Musäus' Seelsorge ist – und das wird auch für die weitere Entwicklung der orthodoxen Melancholie-Therapie prägend werden – stark daran interessiert, sich im Rahmen der Entfaltung der äußerlich-leiblichen Trostmittel an die heidnisch-antike Tradition der Diätetik anzuschließen, indem sie etwa Plutarch zu Wort kommen läßt: „Das haben auch die Heiden gewußt, wie Plutarch ad Apolonium diese Vers zitiert: ψυχῆς νοσούσης εἰσιν ἰατροὶ λόγοι. Das ist: Die Rede ist einer kranken Seele Arzt. Item: λόγος γὰρ ἐστιν φάρμακον μόνον. Das ist: Allein das Gespräch vertreibt die Traurigkeit."[38] Von programmatischer hermeneutischer Bedeutung für den Umgang mit der antiken Tradition ist dabei, daß Musäus dieselbe nicht einfach unvermittelt neben die biblisch-theologische Reflexion stellt, sondern die alttestamentlich-weisheitliche Literatur als ein Bindeglied zwischen beidem entdeckt. Musäus hat damit Anteil an einer in der Orthodoxie sehr breiten literarischen Entwicklung, im Zuge deren die lebenspraktischen und alltagsnahen Ratschläge, insbesondere Kohelets und der Proverbien, aber auch des apokryphen Buches Jesus Sirach zum Tragen kommen. Hier entsteht eine an der hebräischen Weisheit wie an der antik-heidnischen Tradition orientierte materiale Ethik. Daher ist die Verquickung von antikem und biblischem Erbe ein wichtiger Grundstein nicht nur für die Melancholie-Seelsorge, sondern auch für einen ihrer wichtigsten Träger: für die Hausväter- und Hausliteratur, die konkrete Lebenshilfe im Alltag des familiären Lebens bieten wollte und sich besonders intensiv mit dem Buch Jesus Sirach beschäftigte.

Das Werk des Reformators von Joachimstal (Böhmen) und ersten Lutherbiographen Johannes Mathesius (1504–1565) mit dem Titel ‚Sirach Mathesii. Das ist: Christliche, lehrhafte, trostreiche und lustige Erklärung und Auslegung des schönen Hausbuchs, so der weise Mann Sirach zusammengebracht und geschrieben'[39] ist Ethik, Ratgeber, Trostbuch und Nachschlagewerk in alltäglichen Fragen gleichermaßen. In der Auslegung von Sir 30,22–27 beschreibt Mathesius die Freude eines Christenmenschen, die die Melancholie überwindet und als Freude des Glaubens auch leiblich-irdische Freude bedeutet. Ein Christenmensch, der innerlich im Gewissen getröstet ist, wendet sich nicht vom Irdischen und Alltäglichen ab, sondern hat Appetit, schläft sorglos und liebt das lustige Leben. Weil der Glaubende um die Begrenztheit der irdischen Güter weiß, weil er also nicht mehr seinen Bauch zur Gottheit stilisieren muß, kann er die alltäglichen Dinge genießen: „Wenn nun ein Mensch einen fröhlichen Mut hat und das Herz ist voller Freude, da tut sich das Herz auf, gibt allen Adern ein frisch Geblüt und eine liebliche und lustige Flamme in die Sehn-Adern, damit der Mensch leichtsinnig wird. Alsdann dauet der Magen wohl, Lunge und Leber wird erfrischet, alle Äderlein regen sich und werden gestärket. Da folget langes und lustiges Leben. Einem solchen fröhlichen Herzen schmecket alles wohl, was es isset. Ein gesunder Zahn kauet ihm aus einem Stücke Brot ein Marzipan, saget das Sprichwort. Ein

Trunk Kofend⁴⁰ schmecket wie Malvasier. Wenn man fröhlich zu Bette gehet und lässet alle Sorge und Schwermut in Schuhen fürm Bette stehen, da schläft sichs sanft. Und wenn man erwachet, wollte man gerne wieder essen."⁴¹

Wenn eine Frau sich mit einem jungen Mann tröstet, einer zur Flasche oder zu den Spielkarten greift, sich an Narrenpossen labt oder verreist, dann sind dies nur Möglichkeiten, vorübergehend Trost zu finden. „Mancher gehet zum Weine, spielet, singet, bestellet Stocker⁴², reiset über Land. Aber es hilft was es kann, des Nachts kommt doch Sorge und Bekümmernis wieder. Manche nimmet einen jungen Mann um der Liebe willen. Darüber wird sie getröstet [...] das gehet hin."⁴³ Mathesius, der selbst unablässig den Gebrauch leiblicher Trostmittel empfiehlt, liegt es ferne, an dieser Stelle zu moralisieren oder die Weltflucht zu predigen. Doch erinnert er daran, daß diese Mittel verkommen, wenn sie nicht mit der meditatio mortis (Todesbetrachtung) in Zusammenhang gebracht werden, also mit der Erwägung, daß das Leben vergeht. Hier wählt Mathesius ein Beispiel aus der heidnischen Antike: „Aber das ist der stärkste Trost, welchen auch dem Cicero sein Bruder fürhält und erinnert: Daß wir alle sterben müssen." Dieser stärkste heidnische Trost jedoch, der

Johannes Mathesius (Porträtsammlung der Herzog August Bibliothek A 13592)

Ausblick auf den allen Menschen bevorstehenden Tod und die damit verbundene Loslösung aus den irdischen Banden, ist nach Mathesius nur dann wirklich tröstlich, wenn er mit der Hoffnung des ewigen Lebens verbunden eine neue Perspektive geben kann. „Aber dieser Trost macht ein Herz auch nicht fröhlich oder lebendig. Es muß das Wort des Lebens, des Geistes, der Herzog und Geber des Lebens dazukommen. Der muß Trost ins Herz sprechen."[44]

Ausgehend von Ps 104,15; Prv 31,6 (‚gebt starkes Getränk denen, die am Umkommen sind, und den Wein den betrübten Seelen') und Sir 31,32 (‚der Wein erquickt den Menschen das Leben, so man ihn mäßig trinkt') rät Musäus Schwermütigen zu mäßigem Weingenuß. „Zum andern wird neben dem Gespräch wider die Melancholie auch gelobet ein mäßiger Trunk Weins. Wie der 104. Psalm saget: Der Wein erfreuet des Menschen Herz."[45] Darüber hinaus lehrt das Exempel des schwermütigen Saul, der sich durch das Harfenspiel Davids hat trösten lassen (1Sam 16,23), daß auch die Musik ein wirksames Mittel gegen die Melancholie ist, das für „mäßige und ziemliche Ergötzlichkeit und Kurzweil der Schwermütigen"[46] sorgen kann. Die Musik bereitet dem Teufel ein kakophonisches Hörerlebnis.

Johannes Mathesius,
Christliche ... Erklärung (HAB C 118 Helmst. 2°)

All diese lebenspraktisch-diätetischen Ratschläge und Trostmittel können – so Musäus – ihre volle Wirkung aber nur dann entfalten, wenn sie mit den geistlichen Mitteln kombiniert werden: mit dem ‚Treiben' des Wortes Gottes, das Trost spendet, indem es Glauben stiftet, der Nießung der Sakramente und dem Gebet. An diesem Punkt also verbindet Musäus die diätetischen und dem antiken Erbe entnommenen Trostgründe mit der typisch reformatorischen, auf die Heilige Schrift hin orientierten Hermeneutik, die die Bibel als das vorzüglichste Arzneimittel begreift und empfiehlt. Es ist aber nicht so, daß die geistlichen Mittel gegen die Melancholie die äußerlichen einfach ersetzen sollen, sondern die ersteren sorgen dafür, daß die letzteren unterstützt und ihnen – wie Musäus sagt – Nachdruck verliehen wird. Denn der „melancholische Teufel" läßt „sich mit bloßer Gesellschaft, mit einem Trunk Wein und Musica nicht [...] erschrecken noch verjagen, es sei denn Sache, daß er den Nachdruck göttliches Worts und Geistes dabei spüre."[47] Erst der sich im biblischen Wort Gottes vermittelnde Geist kann gewissermaßen vereint mit dem Geist des Weines den Trauergeist der Melancholie vertreiben. Auch hier wird im Vergleich mit den meist sehr stark asketisch ausgerichteten Ratschlägen der mittelalterlichen

Moraltheologie deutlich, daß ein reformatorisches Proprium darin besteht, die geistlich-meditativen Übungen in Form von Schriftlektüre und Gebet mit den besonders im humanistischen Kontext beliebten leiblichen Ergötzlichkeiten zu verbinden, ohne dabei Gefahr zu laufen, entweder in eine asketische Leibfeindlichkeit abzugleiten oder die äußerlichen remedia zu verabsolutieren.

Dieser neuartige poimenische Ansatz hat zur Folge, daß die äußerlich-leibliche Diätetik in ihrer Bedeutung qualitativ auf eine höhere Ebene gehoben wird, indem sie in ihrer Fähigkeit, die geistlichen Trostgründe zeichenhaft abzubilden, begriffen wird. Denn während Musäus seine antimelancholische Therapie entwirft, übt er sich bereits in der Praxis der Seelsorge, indem er humorvoll der Schwermut entgegenarbeitet und die hilaritas (Heiterkeit) und den Humor zur Geltung bringend sagt, daß der Heilige Geist „die schwermütigen Herzen in der Trinkstube des göttlichen Wortes erquicket"[48] und die Angefochtenen zu Zechbrüdern Davids werden läßt, wenn sie dessen Psalmen meditieren und beten. „Von diesem Zechbruder sollten wir lernen gleichergestalt in der geistlichen Trinkstube des heiligen Geistes ohne Unterlaß panketieren und alle melancholischen Anfechtungen über zeitlichem und ewigem Leben vertrinken."[49]

Musäus entwirft zudem ein biblisch- und dogmatisch-theologisches Programm, das er dem Schwermütigen an die Hand gibt und mithilfe dessen er das Glaubensbekenntnis als Geländer benutzend zur Lektüre der Bibel anleitet. Wenn man in der melancholischen Anfechtung alle Trostgründe vergißt und der Teufel in seiner Verwirrung und Orientierungslosigkeit stiftenden Wirksamkeit das Herz sozusagen zu einer tabula rasa macht, dann soll man zunächst Zuflucht zum ersten Artikel und damit zur Schöpfungs- und Vorsehungslehre nehmen. Musäus verfolgt hier den seelsorglich-pädagogischen Ansatz der Orthotomie (vgl. 2.Tim 2,15), demzufolge einzelne kurze und elementare Bibelsprüche auf die Situation des Adressaten zugeschnitten werden und ihm zum Trostspiegel werden können. Wie eng sich Musäus an die weitverbreitete Gattung der orthodoxen Bibeltrostspruchsammlungen in seiner Melancholie-Therapie anlehnt, erhellt z. B. daraus, daß er dem Melancholiker rät, zunächst solche Sprüche der Heiligen Schrift zu meditieren, die ihn der Tatsache vergewissern, daß er Gottes Geschöpf ist und von Gott, dem conservator, am Leben erhalten wird. Musäus schlägt als Meditationstexte Apg 17,27f (‚und fürwahr, er ist nicht ferne von einem jeglichen unter uns, denn in ihm leben, weben und sind wir'), Lk

12,7 (‚aber auch die Haare auf eurem Haupt sind alle gezählt, darum fürchtet euch nicht') und Ps 91,11 (‚denn er hat seinen Engeln befohlen über dir, daß sie dich behüten auf allen deinen Wegen') vor[50]. Man soll „die Worte fleißig erwägen und wie ein wohlriechendes Kräutlein wohl reiben, bis wir ihnen einen Ruch angewinnen."[51] Wenn der melancholische Teufel jedoch Zweifel an der Verheißung des ewigen Lebens hervorrufen will, dann wird es Zeit, den zweiten Artikel, denjenigen von der in Christus, dem Gnadenstuhl (Röm 3,25), aufgerichteten Versöhnung zu traktieren.[52] Denn aus der Schöpfungslehre allein kann noch keine Gewißheit das künftige Leben betreffend abgenommen werden.[53]

Es gehört nach Musäus zur Bestimmung eines Christenmenschen hinzu, daß er Christus nachfolgt und christusförmig dadurch wird, daß Gott ihn zuweilen erniedrigt, doch immer mit der gnädigen Absicht und Verheißung, ihn auch wieder zu erhöhen, so wie der Sohn Gottes sich in die Entäußerung (exinanitio) begeben hat, um durch seine Passion und seinen Tod in die Herrlichkeit einzugehen und die Glaubenden in eben diese Herrlichkeit hineinzuziehen. Teil der imitatio Christi ist daher die Nachahmung dieser Doppelbewegung, die auch das Alte Testament schon kennt: ‚Der Herr tötet und macht lebendig, führt in die Hölle und wieder hinaus. Der Herr macht arm und reich; er erniedrigt und erhöht' (1Sam 2,6f).[54] In Zeiten des Wohlergehens ist daher mit dem tiefsten Fall stets zu rechnen, in üblen Zeiten und Krisensituationen allerdings mit dem Gegenteil: „Darum freue dich von Herzen und wisse, daß du alsdenn dem Himmelreich am aller nähesten seiest, und Gott habe dich eben darum so tief geniedriget und in die zeitliche Hölle geführet, auf daß er dich desto mehr erhöhe."[55]

4. WILHELM SARCERIUS UND CYRIACUS SPANGENBERG

Wilhelm Sarcerius' Geburts- und Sterbedatum liegen im Dunkeln. Er war zunächst Diakon an St. Andreas und Hofprediger in Eisleben, wurde dann Pfarrer an St. Peter und Paul daselbst. 1574 wurde Sarcerius seines Amtes enthoben, weil er ein Anhänger des zuerst in Wittenberg, dann in Jena tätigen Theologieprofessors Matthias Flacius Illyricus (1520–1575) war, der u. a. ins Gerede gekommen war, weil er die Ansicht vertrat, daß mit dem Sündenfall die Sünde zur Substanz des Menschen geworden sei, und darum 1561 seines Amtes enthoben wurde.[56]

Der Hellische Trawer Geist.

Bericht vnd Vrsachen.

Das der Teufel vnter dem schein vermeinter fröligkeit / alles traurens vnd schreckens voll / auch ein rechter freudenbrecher sey / sampt erklerung des 47. Psalms / wie man mit der Himelfart Christi diesem schwermütigen bösen Geist begegnen / vnd widerstand thun sol.

Wilhelmus Sarcerius Pfarherr in Eisleben zu S. Peter.

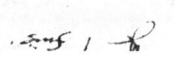

Anno 1 5 6 8.

Wilhelm Sarcerius,
Der Höllische Trauergeist (HAB J 250a Helmst.)

Fast gleichzeitig mit Musäus' Trostbüchlein für Schwermütige erschien Sarcerius' Buch ‚Der Höllische Trauergeist'.⁵⁷ Zentraler Trostgrund in diesem Werk ist die Niedrigkeit Christi und seine Passion, die den Schwermütigen in Freude versetzt. Sarcerius' Kunst besteht darin, daß er den Artikel von der Überwindung von Tod, Sünde und Teufel – und damit auch der Melancholie – in die Bildsprache eines Gleichnisses kleiden kann. Denn im durch Christi Tod aufgerichteten Versöhnungswerk täuscht Gott den Teufel, der meint, an dem menschgewordenen Gott wie an allen anderen Menschen ein Recht zu haben, ohne zu wissen, daß er unterliegen muß, weil in Christus keine Sünde ist (Hebr 4,15).

Um diese u. a. von Origenes her bekannte Redeweise tröstlich ins Gespräch zu bringen, wählt Sarcerius ein Gleichnis aus der Welt des Fischens. Gott „tut wie ein Fischer, der Fisch fangen will. Der bindet eine Schnur an einen Stecken und unten an die Schnur eine scharfe Angel. Daran hängt er ein Würmlein und wirft das ins Wasser. Da kommet denn der Fisch, siehet das arme Würmlein, siehet aber nicht die scharfe Angel in dem Würmlein verborgen und beißt drein, meinet, er bekomme ein gut niedlich Bißlein. Aber die Angel bleibet ihm im Munde oder Halse stecken und wird also gefangen und ergriffen. Also tut Gott der Vater auch, da nimmt er seinen eingeborenen geliebten Sohn, den hänget er an die linea oder Schnur der Patriarchen und Propheten, muß Adams, Abrahams, Davids Fleisch und Blut annehmen und läßt ihn aus dem hohen Himmel in die Welt kommen."[58] Der Teufel beißt zu, und Sarcerius fährt fort: „Aber es bekommt ihm wie dem Hund das Gras, denn der Christus bleibet ihm im Halse stecken und muß ihn wieder ausspeien wie der Walfisch den Propheten Jona."[59]

Ohne den Lebenssaft des Humors ist der schwarzen Galle nicht beizukommen – das weiß Sarcerius genau. Sarcerius' Humor hat seinen sachlichen Grund in dem unerhörten Ereignis, daß Gott in Christus Mensch wird und damit das Unendliche in aller irdischen und geschöpflichen Endlichkeit epiphan wird. Ist dieses Ereignis Gegenstand des Gespötts und Gelächters der Weltweisheit und den Heiden eine Torheit (1Kor 1,18), so ist es auch der Urgrund des glaubenden Humors, der sich nicht scheut, den Sohn Gottes als einen Wurm an der Angel zu bezeichnen, an dem sich der Teufel wie ein Hund am Gras verschluckt, oder die Bibel als eine geistliche Zechstube. Der Humor hat es an sich, das Endliche als Kulisse für das Unendliche zu wählen, das Große zu erniedrigen und das Geringe zu erhöhen (Jean Paul). Wenn Sarcerius Christus als einen Wurm an der Angel zappeln sieht, dann führt er nur in bildlich-metaphorischer, gleichnishafter und zugespitzter Weise die biblische Rede von der weihnachtlichen Menschwerdung Gottes weiter, die schon Luther veranlaßt hat, den Sohn Gottes einen ‚Krippenherrn und Windelfürsten'[60] zu nennen. Am Rande der Blasphemie jedenfalls muß und darf sich der antimelancholische Trost und alle Rede von Gott bewegen, weil die größte nur denkbare Blasphemie – der Tod Gottes am Kreuz: der Allerhöchste und Allmächtige ganz unten in aller Ohnmacht – der Urgrund des Lachens der Glaubenden ist.

Das von Musäus verwandte Gleichnis muß im Kontext des in der Orthodoxie häufig rekurrierenden Topos von Christus als Wurm nach Ps 22,7 begriffen und interpretiert werden. Der Psalm, den der Sohn Gottes am Kreuz betet, wird hierbei zum allegorischen Sprachmaterial, um die Niedrigkeit Gottes nach Phil 2,7 zu predigen. Gleichzeitig wird wie bei Musäus auch an dieser Stelle deutlich, wie sehr es der antimelancholischen Poimenik um die Heiterkeit (hilaritas) zu tun ist und sie die evangelische Frohbotschaft darum in ein humorvolles Gewand durch das rhetorische Stilmittel der Bildsprache einkleidet, was zudem verdeutlicht, wie wenig zureichend es ist, die Predigt-Rhetorik und Kanzelberedsamkeit (rhetorica sacra) der Orthodoxie nur anhand der Gattung ‚Predigt' zu analysieren, weil auch die poimenische Literatur ja selbst Trostpredigt ist und sich daher ebenfalls rhetorischer Mittel bedient.

Auch Sarcerius spricht wie Musäus sowohl von äußerlichen als geistlichen Mitteln, die die Melancholiker „von des Teufels verdammlichen Holzwegen wiederum auf die regiam viam, auf die Mittelstraße zum ewigen Leben berufen und führen."[61] U.a. empfiehlt auch Sarcerius aufgrund von 1Sam 16 den nicht nur geistlichen Gesang, dem Luther das Zeugnis ausstellt: „Der schönsten und herrlichsten Gaben Gottes eine ist die Musica. Der ist der Satan sehr feind, damit man viel Anfechtung und böse Gedanken vertreibet. Der Teufel erharret ihr nicht. Item: Musica ist der besten Künste eine. Die Noten machen den Text lebendig, sie verjagt den Geist der Traurigkeit und ist das beste Labsal einem betrübten Menschen, dadurch das Herz wieder zufriedengestellet, erquicket und erfrischet wird."[62]

Besonders häufige Rezeption erfahren all die Äußerungen Luthers, die manchem brachial und ungehobelt, ja zuweilen fäkal vorkommen mögen, aber in Wahrheit genau das spiegeln, was nach Luther der Hochmut des Glaubens ist: nämlich im Glauben keck zu werden und dem Teufel mit den geistlichen Waffen ins Angesicht hinein zu widerstehen. Glauben heißt nach Luther den Teufel verlachen, weil er an Karfreitag und Ostern durch den Tod des Sohnes Gottes lächerlich gemacht worden ist, keine Macht mehr an den zwar sündigen, doch bereits gerechtfertigten Menschen hat und dadurch zur Witzfigur geworden ist. Glauben heißt deswegen den Teufel ‚verarschen‘: „Letzlich kömmt er (scil. der Teufel; A.S.) einmal zu der Wirtin im Haus, die in einer Kammer allein lag. Mit der scherzet er, läuft auf dem Bette daher wie eitel Rattenmäuse. Da er nun nicht will aufhören, da ist das Weib her und wendet das Hinterteil zum Bette hinaus und läßt ihm einen Redlichen (mit Züchten zu reden) für die Nase treten und spricht: Siehe da, Teufel, da hast du einen Stab, den nimm in deine Hand und gehe damit Wallfahrt gen Rom zu deinem Abgott, dem Papst, und hole dir Ablaß von ihm."[63] Der Teufel verschwand. Polemik hat etwas Befreiendes, ja Erleichterndes, oder auch: eine psychohygienische Relevanz – eine befreiende Einsicht vielleicht in einer Zeit, die die Polemik unter ein moralisches Verdikt zu stellen Gefahr läuft.

Ein wichtiges Ziel der antimelancholischen Seelsorge ist es, den Angefochtenen auf humoristische

Weise zum Lachen zu bringen. Der evangelische Humor, der beim krippenlägrigen Gott seinen Ausgangspunkt nimmt, setzt den Glaubenden in den Stand, die Verderbensmächte Tod, Sünde und Teufel als Karikaturen ihrer selbst zu betrachten und auszulachen, weil sie durch Christus in ihr Gegenteil verwandelt worden sind. Der Tod ist zum Gehilfen des Lebens, zum erquickenden Schlaf geworden, kann Luther sagen. Eben diesen Humor setzt die österreichische Dichterin und Zeitgenossin Sigmund von Birkens Catharina Regina von Greiffenberg (1633–1694) auf poetische Weise um:

„Des Himmels Vorschmack / machet
ein all-erleidends Herz /
das alle Not verlachet /
hält Sterben nur für Scherz."[64]

Die Melancholietherapie der lutherischen Orthodoxie verlangt geradezu nach dichterischer Versprachlichung – nicht nur im Choral. Und wie sehr von Greiffenberg auf der orthodoxen Poimenik (Seelsorgelehre und -praxis) und Frömmigkeit fußt, wird etwa auch an der Stelle deutlich, wo sie den Topos von der geistlichen Waffenrüstung (Eph 6, 16f) mit Ps 28,7 (‚der Herr ist meine Stärke und mein Schild') verquickt:

„Der Herr sei deine Stärke;
der Glaube sei dein Schild und Sieg;
damit des Satans Werke
und aller Laster schwerer Krieg
in dir zerstöret werden /
und nichts als Geistesruh /
auch auf der eitlen Erden /
bei dir sich finden tu."[65]

Cyriacus Spangenberg wurde am 7.6.1528 in Nordhausen geboren, studierte bei Luther und Melanchthon in Wittenberg, wurde mit 19 Jahren Lehrer in Eisleben, 1550 Prediger daselbst, darauf Stadt- und Schloßprediger in Mansfeld. Spangenberg kämpfte gegen das Augsburger Interim – jenes Reichsgesetz aus dem Jahre 1548, das den Protestanten zwar den Laienkelch und die Priesterehe zugestand, dafür aber die Wiedereinführung katholischer Zeremonien verlangte. Hauptgegner in diesem Streit war der Wittenberger Theologieprofessor Georg Major. Spangenberg war Anhänger des Matthias Flacius und wurde daher 1575 vertrieben. Er floh nach Sangerhausen und hielt sich dort bis zur abermaligen Vertreibung 1578 auf. Nach einer Zeit in Straßburg arbeitete Spangenberg 1581–1590

So fah' im Alter aus des Spangenbergs Geſichte,
Von ſeinem Erb-Sünd-Streit gibt Zeugniſs die Geſchichte,
Die Subſtanz war ihm Ja, das Accidens ihm Nein,
Drüm muſt' er bis in Todt ein Exulante ſeyn.

Cyriacus Spangenberg
(Porträtsammlung der HAB A 20580)

als Pfarrer in Schlitz an der Fulda und privatisierte dann nach erneuter Amtsenthebung in Vacha. 1595 siedelte er nach Straßburg über, wo er am 10.2.1604 verarmt starb.[66]

Spangenberg predigt aufgrund von Joh 16,16–23 den Trost, daß die Traurigkeit nur über eine kurze Weile andauert und ihren Sinn darin hat, die fröhliche Hoffnung auf die Wiederkunft Christi zu befördern. „Wir müssen auch bisweilen also ohne empfindlichen Trost eine Zeitlang gelassen werden und Traurigkeit haben, damit die Hoffnung [...] Statt und Raum gewinne."[67] Melancholie und Traurigkeit sind demzufolge Merkzeichen der eschatologischen Differenz, die darin besteht, daß die jetzt schon aus dem Freispruch des Sünders folgende Freude der Christenmenschen in sich widersprüchlich gebrochen und auf die endzeitliche und endgültige Vollendung hin ausgerichtet ist. „Wenn man nun in göttlicher Freude und Trost ganz trunken [...] würde, so bliebe die geistliche Hoffart, Vermessenheit und Sicherheit nicht außen. Darüber sich dann allerlei Sünden mehr finden würden. Derhalben muß uns unser Herr-Gott bisweilen den Honig entziehen und ein Bißlein Myrrhe einstreichen."[68]

Amarum dulce.

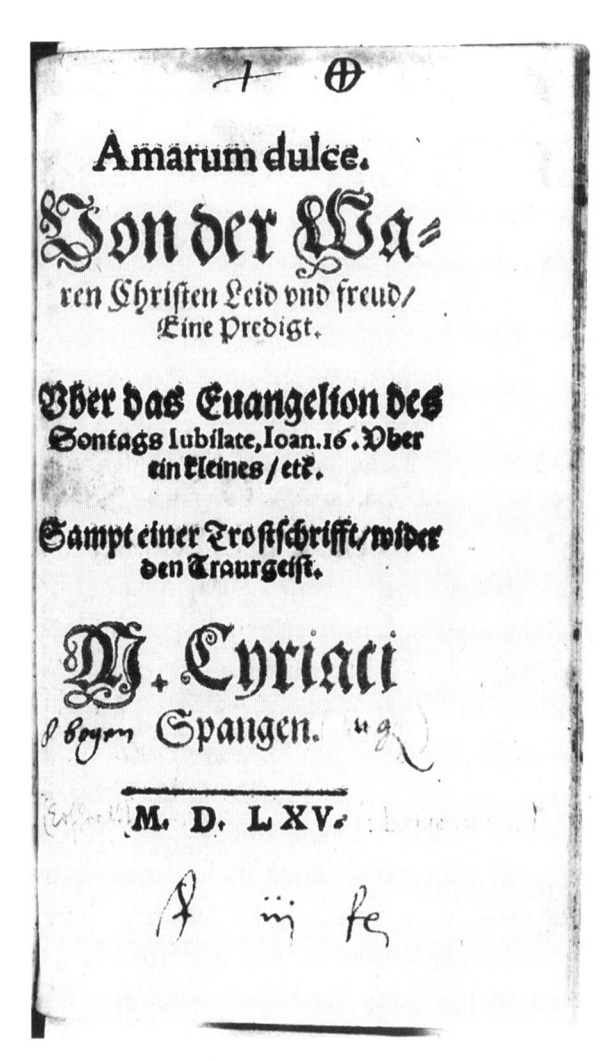

Von der Waren Christen Leid vnd freud/ Eine Predigt.

Vber das Euangelion des Sontags Iubilate, Ioan. 16. Vber ein kleines / etc.

Sampt einer Trostschrifft/ wider den Traurgeist.

M. Cyriaci Spangen.

M. D. LXV.

Cyriacus Spangenberg,
Amarum dulce (HAB Td 313)

5. LUCAS OSIANDER UND FELIX BIDEMBACH

Lucas Osianders d.Ä. Vater war auch Theologe: er war der Nürnberger Reformator Andreas Osiander. Lucas wurde am 15.12.1534 in Nürnberg geboren, studierte bei seinem Vater in Königsberg und nach dessen Tod in Tübingen, wurde 1555 Diakon in Göppingen, 1557 Superintendent in Blaubeuren, 1562 Pfarrer und Superintendent in Stuttgart, 1567 Hofprediger und 1598 Prediger in Eßlingen. Er starb am 17.9.1604 in Stuttgart.[69]

Das Anliegen Osianders ist es zunächst, vor allem in Abgrenzung der Stoa gegenüber das Unzureichende des rein philosophischen Trostes darzulegen, dem die tröstende Wirkmächtigkeit der göttlichen Tröstung (consolatio) abgeht. „Denn der Trost, so man aus der Philosophen Schriften oder von den Weltkindern erholen will, der mag den Stich nicht halten, sondern er rinnet den traurigen Leuten durch die Finger gleich als ob es lauter Quecksilber wäre."[70] Ähnlich wie schon bei Melanchthon ist es auch nach Osiander kein wirklicher Trost, in geistlichen oder leiblich-gesundheitlichen Krisensituationen darauf hingewiesen zu werden, daß es auch anderen Menschen ähnlich ergehe.[71] Nichts anderes wäre es, sich anzumaßen,

Lucas Osiander
(Porträtsammlung der HAB A 15528)

einen zum Tode Verurteilten mit dem Hinweis darauf zu trösten, es würden schließlich auch andere mit ihm gehenkt. „Wenn man keinen besseren Trost hätte, dann allein diesen, so wäre es eben ein Trost, als wann man zu einem, der mit dem Strang gerichtet werden sollte, spricht: Habe ein gutes Herz, du darfst nicht allein hängen. Man wird wohl drei oder vier mit dir henken. Was ist das für ein Trost? Oder wie kann eines Menschen Herz davon fröhlich werden?"[72]

Auch Melanchthon definiert die Grenzen des philosophisch begründeten Trostes und zeigt, wie „die menschliche Vernunft sich trösten kann"[73], z. B. durch „ein gut Gewissen"[74] oder mithilfe der Beobachtung, daß andere Menschen auch leiden und die Gerechten von Drangsalen nicht ausgenommen sind. Solche Exempel zeigen, „in was großer Not das ganze menschliche Geschlecht stecket und wie mancher trefflicher, weiser, ehrlicher, teurer Mann mit greulicher Widerwertigkeit übereilet worden als Hercules, Palamedes, Miltiades, Themistokles, Pompeius, Julius Cäsar und andere unzählige."[75] Was die Vernunft aber nicht wissen kann, ist, daß das eigentliche Verderben des Menschen in seiner Sündhaftigkeit und in dem Umstand besteht, daß er als Sünder von seinem Gott entfremdet ist, „daß die Fehle und menschli-

Ein Predig/ Wie die Christen in

diser Welt / mit gutem gewissen/
Frölich sein/ vnd schwermütigkeit
von sich treiben mögen
vnd sollen.

Lucas Osiander / D.

Getruckt zu Tübingen/ bey Alexander
Hock/im Jar 1584.

Lucas Osiander, Wie die Christen ... Schwermütigkeit von sich treiben mögen (HAB Alv. Dl 208)

che Gebrechen viel größer sind, denn die Vernunft und Weisheit auf Erden verstehen kann."[76] Die consolatio philosophiae (der Trost der Philosophie) weiß darum auch nichts von der göttlichen Gnade und Vergebung. Die consolatio theologiae indes hat es damit zu tun, den „allerfeinsten Haufen"[77] der biblischen Figuren zu betrachten, die in Sünde gefallen oder in Leidenssituationen geraten sind, jedoch von Gott Vergebung und Trost empfingen. „Gedenke du keineswegs, daß Gott dich in gleichem Leiden verworfen habe."[78] Der wahre Trost besteht nicht darin, daß es auch anderen Menschen schlecht geht oder ging, sondern darin, daß auch andere getröstet und gerettet worden sind. Dieser Trost aber wird artikulierbar und applikabel erst aufgrund der in der Bibel bezeugten Offenbarung Gottes. „Keine Kreatur kann durch eigenen Verstand außerhalb Gottes Offenbarung vermerken in großen Nöten, daß sie einen gnädigen Gott habe."[79] Diesen göttlichen Trost ergreift und macht sich der Mensch zueigen, indem er der Verheißung Glauben schenkt und seine Hoffnung auf sie setzt, denn es „muß zu der Verheißung kommen der Glaube, die Anrufung (=Gebet) und Hoffnung der Hilfe und Erlösung."[80]

Auch nach Osiander soll der Schwermütige im Glauben und im Gebet Zuflucht suchen, sich zunächst mithilfe des Psalters in ein Selbstgespräch verwickeln und sich den in den biblischen Gebeten entwickelten Trost fürbilden. Wenn die Schwermut aber so stark ist, daß dieser Kommunikationsprozeß nichts nützen will, soll der Betrübte das mutuum colloquium suchen und sich entweder an einen Freund oder an einen Pfarrer wenden, der ihm den biblischen Trost zusprechen soll. „Im Fall sich aber ein Christ nicht selbst wieder aufrichten und trösten könnte, so solle er sein Anliegen und Betrübnis einem frommen Christen und vertrauten Freund, oder wo es vonnöten einem Kirchendiener klagen, so wird ihm sein Herz viel weiter und seine Beschwerde viel geringer werden [...] Darum soll sich ein Christ nicht scheuen, einem anderen verständigen Christen sein Bekümmernis und Anfechtung zu eröffnen, so ist ihm schon mehr denn halb geholfen."[81] Hierin zeigt sich nicht nur der ekklesiologisch wichtige Umstand, daß im Priestertum aller Gläubigen einem jeden Christen auch ein Seelsorgeamt und damit eine große geistliche Verantwortung für seinen Mitchristen zukommt, sondern auch der Schatz poimenischer Erfahrung, derzufolge die Verbalisierung der Not bereits der erste Schritt zu deren Bewältigung ist.

Ähnlich wie schon in der mittelalterlich-medizinischen Tradition etwa bei Constantinus Africanus[82] gehört auch nach Osiander neben der Kraft- und Schlaflosigkeit die Lustlosigkeit im Berufsleben zum Krankheitsbild der Melancholie. „Aber ein betrübter Mut vertrocknet das Gebein. Denn traurige schwermütige Leute verlieren den Schlaf, verlieren die Kräfte ihres Leibs und Gemüts, werden unlustig und verdrossen in ihrem Beruf und sterben vor der rechten Zeit."[83] Daher rät Osiander zur Beschäftigung und entwickelt einen arbeitstherapeutischen Ansatz innerhalb der antimelancholischen Seelsorge: „Sonderlich aber sollen sich schwermütige Leute dafür hüten, daß sie nicht müßig gehen und ihren Gedanken nachhängen [...] Da aber ein Christ immerdar etwas unterhanden nimmt, das sein Beruf erfordert oder auch, das zu ehrlicher Ergötzung dient, so können schwermütige Gedanken desto weniger tief ins Herz einsitzen."[84] Auch den Rat übrigens, ein Schwermütiger solle die Gesellschaft mit anderen Menschen suchen, kennt Osiander.[85] Die in letzter Zeit u. a. von Wolfgang Weber vertretene These, der lebensnahe Rat, ein Schwermütiger solle Beschäftigung suchen, um nicht ständig um sich selbst zu kreisen, stelle eine „religiöse Überhöhung der Erwerbsarbeit über den unmittelbaren Zweck der Bedürfnisbefriedigung"[86] dar und habe damit „die Entstehung der modernen Wohlstands-, Arbeits- und Freizeitgesellschaft"[87] befördert, trägt für die historische und frömmigkeitsgeschichtliche Interpretation der Quellen wenig aus, da sie sie einmal mehr nur als Abbild für etwas eigentlich hinter ihnen Liegendes verobjektiviert und mit ihnen offensichtlich eine recht gewollte ‚sozialkritische' Allegorese betreibt. Nicht jeder Weber heißt Max, hätte ich fast gesagt, wenn ich es mir nicht verkniffen hätte.

Ein weiterer in Schwaben wirkender Melancholie-Seelsorger ist Felix Bidembach (bzw. Bidenbach). Er kam am 8.9.1564 in Stuttgart zur Welt, wurde 1586 Diakon in Waiblingen, 1590 in Stuttgart. Im Jahre 1604 fand seine Promotion zum Doktor der Theologie statt, 1606 wurde er Abt in Adelberg und später Abt und Generalsuperintendent in Maulbronn. Er starb am 7.1.1612.[88] Bidembachs ‚Kurzes Bedenken oder Bericht, wie den Melancholikern, so mit traurigen und schwermütigen Gedanken beladen, zu raten und sie wiederum aufzumuntern'[89] erschien im Jahre 1604 in einem poimenischen Hand- und Lehrbuch für künftige Pfarrer – „für die jungen angehenden Kirchendiener im Herzogtum Württemberg zugerichtet."[90] So dicht wie in wenig anderen thematisch verwandten Schriften sind hier Zitate Luthers zur Melancholie zu finden, so z. B. die Worte, die Luther einem Schwermütigen als Waffe gegen den Teufel in den Mund legt: „Aus, Teufel, ich muß meinem Herrn Christus jetzt singen und lustig sein."[91] Bidembachs Traktat veranschaulicht, einen wie wichtigen Teil der orthodoxen Luther-Rezeption die antimelancholische Seelsorge darstellt. Daß sich Bidembach zudem mit Musäus beschäftigt hat, geht u. a. aus der Tatsache hervor, daß er ihm die Worte nachspricht, ein Melancholiker solle „dem Teufel bald Urlaub und Feierabend geben."[92] Lk 21,25 zufolge begreift Bidembach Schwermut, Angst und Verzweiflung als Zeichen der nahenden Endzeit[93] und will den angehenden Pfarrern eine Hilfe an die Hand geben, angesichts dieser Krisensituation geistlichen Beistand leisten zu können. Die Beichte hat den Sinn, daß der Melancholiker „sein Herz wohl ausschütte."[94] Und auch Bidembach rät, die Berufstätigkeit nicht zu vernachlässigen. „Dazu gehöret auch, daß ein trauriger Mensch nicht müßig gehe, sondern entweder eine feine lustige Arbeit vor sich nehme, oder aber in seinem Amt und Beruf immer getrost fortfahre."[95]

Flagellum Antimelancholicum,
Das ist: 435 Th.(2)

Christliche Geissel/

wider den Melancholischen Trawrgeist vnd Hertzfresser/

Aus Gottes Wort geflochten/ vnd auff allerley Fälle der Anfechtungen/ vnd Melancholischen Grillen gerichtet/

Erstlich/ von dem weiland Ehrwürdigen/ Achtbarn vnd Hochgelahrten Herrn Johann Mülman/ S.S. Theol. Lic. Professorn, vnd Dienern des Worts zu S. Niklas in Leipzig.

Vber den LXX. Psalm/ in etlichen Predigten ausgeleget:

Nun aber allen schwer- vnd wehemütigen Hertzen/ zu tröstlicher erfrewung/ auff vielfältiges begehren mit fleiß auffgesucht/ vnd nebens einem kurtzen Register in Druck vbergeben.

Durch
M. Christianum Mülman/ S.S. Theol. Bacc.
vnd Diacon. zu Pegaw.

Tröstet/ tröstet mein Volck/ ic. Esa. XL. cap.

Leipzig/ In verlegung Abraham Lambergs/ vnd Caspar Klosemans/ Anno 1618.

Johann Muehlmann,
Flagellum Antimelancholicum (HAB 435 Theol. 4°)

6. JOHANN MUEHLMANN

Johann Muehlmann wurde am 28.6. (oder 7.?) 1573 in Pegau geboren und ging in Schulpforta zur Schule. 1594 begann er mit dem Studium der Theologie in Leipzig und setzte es in Jena fort. 1599 wurde er Diakon in Naumburg, 1604 Pfarrer in Laucha und im selben Jahr Archidiakon an St. Nikolai in Leipzig. Hier wurde er 1607 zum Professor der Theologie berufen und starb nach schwerer Krankheit am 14.11.1613.[96]
Im Jahre 1618 erschien Muehlmanns „Flagellum Antimelancholicum, Das ist: Christliche Geißel wider den melancholischen Trauergeist und Herzfresser aus Gottes Wort geflochten und auf allerlei Fälle der Anfechtungen und melancholischen Grillen gerichtet"[97] – eine Sammlung von im Jahre 1612 gehaltenen Predigten, die nun gedruckt als Seelsorgebuch dienen sollen und besonders intensiv dartun, wie stark orthodoxe Prediger bisweilen geistlichen *und* medizinischen Rat erteilt haben. Muehlmann ist mit der erstmals im 5. Jahrhundert v. Chr. entwickelten und in einem langen Traditionsprozeß, der sich u. a. bei Galenus greifen läßt, dem Abendland überkommenen Vier-Säfte-Lehre[98] vertraut und vertritt die Ansicht, daß das schwere Blut durch die Hitze der Leber und die Erkaltung

des Magens entsteht, wodurch die „spiritus animales" verfinstert werden, die für freudige Affekte sorgen sollen. Sich in der zeitgenössischen medikamentösen Behandlung der Melancholie gut auskennend nennt Muehlmann folgende Mittel, die gegen die Verstopfung des Leibes durch faule Dünste nötig sind: „Gute lenitiva oder Weichtränke, zugerichtet von Cassia Epithymo, Borragen, Ochsenzung, Erdrauch, Hopfen, von der edlen Melisse, Geneß-Blättern und Molken. Damit können die melancholischen Feuchtigkeiten, welche sonst als eine zähe und klebende Materie übel zu heben sind, zur Ejektion und Auswerfung präparieret werden."[99]

Die Ansicht, die Melancholie sei luftartiger Natur, weswegen z. B. auch Blähungen als zum Krankheitsbild eines Melancholikers gehörig gerechnet wurden, vertritt schon das pseudoaristotelische ‚Problem XXX,1'.[100] Ziel der Therapie ist es – so Muehlmann unter wiederholtem Verweis auf Galenus –, diesen ‚fauligen' Dünsten Luft zu machen, weswegen Muehlmann u. a. leichte, verdauliche, aber köstliche Speisen verordnet „als da sind junge Hühner, Kaphanen, Rebhühner, Fasan, weiche Eier, item Kalbfleisch, Schöpsenfleisch und junge Böcklein, von Zugemüse Endivien-Salat, Pappeln, Ochsenzunge, Ehrenpreis."[101] Zu diesen schmackhaften Gerichten sollten am besten nicht zu schwere Weinsorten kombiniert werden.[102]

Außerdem sollte der Schwermütige täglich laue Bäder nehmen, darauf achten, nicht in feuchten Wohnungen zu wohnen, und sich Bewegung verschaffen – sei es auf Spaziergängen „in schönen Lustgärten bei gutem Wetter und lieblichem Sonnenschein" oder auf Reisen „über Land"[103]. Der Rat, in Traurigkeit den Kontakt mit der Natur zu suchen, gehört in der orthodoxen Melancholietherapie zu den festgeprägten Topoi, die insbesondere im humanistischen Umfeld Vorbilder haben – etwa in Francesco Petrarcas Werk ‚De remediis utriusque fortunae', das in der zweiten Hälfte des 16. Jahrhunderts in deutschen Übersetzungen unter dem Titel ‚Trostspiegel in Glück und Unglück' zu weiter Verbreitung kam und einen nicht unerheblichen Einfluß auf die theologisch-antimelancholische Literatur hatte. Bei Petrarca ist etwa zu lesen: „Es sind auch den Menschen zur Freude, Lust und Fröhlichkeit mancherlei Kreaturen als Kräuter, Blumen mit so viel Gerüchen, Geschmäcken, Farben geschaffen und gegeben [...] Es hat auch Gott dem Menschen zu seiner irdischen Seligkeit und Freude verliehen alles Schöne und Lustige: grünes Umsehen der Berge, Hügel und Täler, dicke Wälder, helle Flüsse, Gesundbrunnen,

Wildbäder, Meer, Bäche, See, Teich [...]."[104] Die orthodoxen Seelsorger vermochten es, diesen Ansatz innerhalb ihrer am Buch der Natur orientierten Schöpfungstheologie im Kontext der reformatorischen Theologie fruchtbar zu machen. Die Natur ist hier nicht nur Ort der Zerstreuung, sondern auch Fundort der tröstlichen göttlichen Botschaft.

Muehlmann singt ein Loblied „der löblichen Arznei-Kunst zu Ehren",[105] um zu bewirken, „daß man der Ärzte Kunst und Rat gebrauche und lasse sie ein Meisterstück tun, ob sie mit ihren Pillen, Tränken und Latwergen das zähe, verbrannte Geblüt heben und austreiben oder korrigieren und wieder zurecht bringen können."[106] Die Medizin ist von Gott selbst gestiftet, und in Krankheit soll man die Hilfe des Arztes suchen. Auch hier fußt die orthodoxe Seelsorge auf Jesus Sirach, der ermahnt: ‚Ehre den Arzt mit gebührender Verehrung, daß du ihn habest zur Not; denn der Herr hat ihn geschaffen, und die Arznei kommt von dem Höchsten, und Könige ehren ihn' (Sir 38,1f). Diese in der seelsorglichen Literatur immer wieder auftauchende und biblisch u. a. mithilfe von Jes 38, der Erzählung von der Heilung Hiskias, untermauerte Ermahnung, ärztliche Hilfe und medizinischen Rat nicht geringzuschätzen, sondern in Anspruch zu nehmen, wächst aus seelsorglicher Alltagserfahrung hervor. Die orthodoxen Seelsorger wußten um die zuweilen abergläubischen Vorbehalte gegen die Arzneikunst, die sich mitunter auch frömmelnd-bigott darauf zu berufen pflegten, daß Christus allein der Arzt sei, dem vertraut werden könne, und daher alle leibliche Medizin abzulehnen sei. Derartigen Vorurteilen war nicht erst im Zuge der Volksaufklärung entgegenzuarbeiten, sondern bereits in der frühen Neuzeit, die die von Menschen im Auftrage Gottes zu praktizierende Medizin unablässig empfahl. Nicht nur im Rahmen der Melancholie-Seelsorge wird daher stets erst dann von den unvergleichlich wirksameren geistlichen remedia gesprochen, nachdem zuvor die medizinisch-leiblichen benannt und deren Wirkung beschrieben wurden.

Letztendlich miteinander verwandt sind alle Behandlungsarten der Melancholie nach Muehlmann darin, daß sie dazu beitragen, die fauligen Dünste auszutreiben und dem Herzen Luft zu machen. Hier entwickelt Muehlmann eine biblisch motivierte Affekten-Lehre, die die Freude, die ihren Ursprung in Gott hat, als eine alle Melancholie vertreibende und das Herz öffnende Macht beschreibt. Auf die Tradition der Scholastik zurückgreifend parallelisiert Muehlmann ‚laetitia' (Freude) und ‚latitia' (Weite). „Denn die Lehre von den

Affekten gehöret unter die secreta und Geheimnisse der Natur. Ein alter Theologus de schola nimmet das lateinische Wörtlein laetitia für sich und spricht, es laute so viel als latitia, als wenn ich im Deutschen sagte: Freude ist so viel als Weite, darum daß das Herz von der Freude lieblich dilatieret und erweitert wird. Und ich zweifele nicht, daß David darauf gesehen habe im 4. Psalm, da er betet: Dilatasti cor meum, du machest mein Herz weit. Lutherus verdeutscht es: Du tröstest mich."[107]

Neben der geistlichen Freude in und an Gott (Ps 9,3; 149,2[108]) tragen nach Muehlmann auch irdische Freuden zur tröstenden Weite des Herzens bei, die körperliche Liebe eingeschlossen. Auch in dieser Hinsicht steht Muehlmann in einer langen Tradition, denn schon das Problem XXX,1, Rufus von Ephesus und Constantinus Africanus im Mittelalter haben die geschlechtliche Liebe als ein Mittel gegen melancholische Traurigkeit bezeichnet.[109] Diese Tradition nun biblisch interpretierend und gleichzeitig mit der reformatorischen Hochschätzung der Ehe verknüpfend sagt Muehlmann: „Daß ein Ehemann seine Freude hat an seinem lieben Eheweibe ist auch nicht unrecht, denn es gebietet's abermal Salomo Proverbien 5, wenn er spricht: Freue dich des Weibes deiner Jugend, sie ist lieblich wie eine Hinde[110] und holdselig wie ein Reh (scil. Prv 5,19; A.S.) [...] Dergleichen vergönnet der Prediger den jungen Leuten ein fröhlich Mütlein (Kapitel 12). Freue dich, Jüngling, in deiner Jugend und laß dein Herz guter Dinge sein in deiner Jugend. Tue, was dein Herz lüstet und deinen Augen gefället (scil. Koh 11,9; A.S.)."[111]

Schwermütige sollen auch nach Muehlmann die Einsamkeit fliehen,[112] das Gespräch mit Freunden oder einem Seelsorger suchen[113] und mäßig Wein zu sich nehmen.[114] Besonders ausführlich spricht Muehlmann von der „gottseligen Musica"[115], da in der geistlichen Musik und speziell im Choralgesang[116] das biblische Wort Gottes und die göttliche Musik einander verstärken. „Denn es kann beides wohl beisammen sein: ein schöner Text und eine liebliche Melodie."[117] Durch musikalische Harmonien und Gesang wird die Melancholie vertrieben, indem der Mensch selbst zur inneren Harmonie findet und seine verschiedenen Saiten gleichsam wie ein Instrument neu gestimmt werden. „Das ist die rechte himmlische Musica, wenn das Herz mit der rechten Erkenntnis Gottes, wahrem Glauben, christlicher Demut und allem willigen Gehorsam gleich wie eine gute Harfe oder paduanische Laute mit reinen Saiten überzogen und fein artig gestimmet ist."[118]

Interessant ist zudem, wie Muehlmann die therapeutische Funktion der Musik mit derjenigen der Naturbetrachtung verquickt und sich beide gegenseitig verstärken läßt. Indem Muehlmann die tröstliche Wirkung der Musik benennt, führt er den Schwermütigen zugleich in die Natur hinaus, deren Anblick bei vielen Seelsorgern – etwa bei Christian Scriver[119] – als antimelancholische Arznei gilt. „Die Musica ist von Natur der Melancholie und Traurigkeit zuwider. Das siehet man auch an unvernünftigen Vögelein. Wenn sie am allerlustigsten sein im Frühling, singen sie eines Teils tags und nachts. Aber wenn die lieblichste Zeit vorüber ist oder sie gefangen und eingesperret werden, da werden sie melancholisch und schweigen so lange, bis sie ihrer verlorenen Freiheit vergessen haben. Sollte denn die Musica nicht viel mehr einen vernünftigen Menschen zur Freude erwecken?"[120] In der Schöpfung ist nicht nur die antimelancholische Wirksamkeit der Musik abgebildet, sondern auch die tierische Kreatur kennt die Melancholie und ihre Nöte. Gerade weil dem so ist, und der Mensch sich als einen samt allen Kreaturen von Gott geschaffenen[121] und durch die Schwermut angefochtenen erfahren darf, darf er nicht nur mit allen Kreaturen gemeinsam, sondern auch von ihnen durch die von Gott in der Natur und der menschlichen Kunst als Trostmittel eingesetzte Musik Trost erfahren. Was dem Schwermütigen eine liebliche Harmonie und Melodie ist, ist dem melancholischen Teufel eine Kakophonie. „Hergegen ist eine christliche Musica den melancholischen Geistern und brüllenden Teufeln ein Herzleid anzuhören."[122]

So sehr die orthodoxe Melancholietherapie in der Art der Beschreibung des Krankheitsbildes und in der Weise, diätetische und leibliche Mittel gegen die Schwermut zu empfehlen, in einem breiten von der Antike ausgehenden und sich ins Mittelalter hinein erstreckenden Traditionsstrom steht, besteht das Neue darin, daß die reformatorische Rechtfertigungslehre, Hermeneutik und Ethik mit eben dieser Tradition verknüpft werden und das Überkommene dadurch in eine neue Richtung gewandt wird. Auch dieses gehört zu den mannigfachen Erscheinungen der Fruchtbarmachung und Operationalisierung des durch die reformatorische Theologie Vorgegebenen in der altprotestantischen Orthodoxie. So gibt Muehlmann dem Schwermütigen den Rat, er solle im Glauben das Verdienst Christi ergreifen und sich damit die Lossprechung von allen Sünden nicht nur, sondern auch die in Christi Wunden zu findende Heilung gegen die melancholische Krankheit aneignen. „Darum, lie-

Sigismund Schererz
(Porträtsammlung der HAB A 19032)

bes Herz, laß alle Teufel in der Hölle melancholieren und traurig sein. Halte du dich allein mit wahrem Glauben an Christum Jesum, deinen Heiland und Seligmacher, der wird dir alle vom melancholischen Trauergeist geschlagenen Wunden zu Grund aus kurieren und heilen."[123] Die letztgültige Arznei gegen die Melancholie ist allein bei Christus zu finden – bei dem Arzt, der nicht nur leiblich bei der Geißelung und der Kreuzigung verwundet worden ist, sondern auch die tiefste Traurigkeit und Melancholie erlitten hat. Christi Leibes- und Seelenwunden sind nach Jes 53 die einzigen Wunden, die Leib und Seele von der Sünde und all ihren Folgen heilen können. „Der leidige Teufel hat uns durch den Sündenfall mördlich verwundet, uns an Leib und Seele solche gefährliche Schäden zugefüget, die keine Kreatur heilen konnte. Aber Christus hat das Arzt-Amt auf sich genommen und uns wieder durch seine heiligen Wunden gesund gemacht und geheilet (Jes 53,5)."[124]

FUGA
Melancholiæ cum Specu-
lo Tentationum S.
Oder:
Zwey Geistreiche Büchlein/
Das Erste:
Seelen=Artzney
Wider die Melancholey/ Trau-
rigkeit und Schwermuht des Geistes/ ec.
Das Ander:
Spiegel der Geistlichen
Anfechtungen/
Warum sie GOtt über uns kommen lasse/ wie
wir darinn uns zu trösten/ sie gedültig außste-
hen und frölich überwinden mögen.
Vor alle bekümmerte und angefochtene/ auff
jetzige betrübte Zeit gerichtet
Durch
SIGISMUNDUM SCHERERTZIUM
Weiland Superintend. in Lüneburg.
Mit Röm. Kayf. Majest. Churf. auch Fürstl.
Braunschw. und Lüneb. Privilegiis.

Lüneburg/
Bey Johann und Heinrich Stern/
Gebrüdern.
Im Jahr Christi M. DC. LII.

Sigismund Schererz,
Fuga Melancholiae (HAB Th 2295)

7. SIGISMUND SCHERERZ

Sigismund Schererz (bzw. Scher-Erz) wurde am 6.9.1584 in Annaberg geboren, wurde nach seinem Studium in Leipzig und Wittenberg 1607 Pfarrer in Arnsfeld bei Annaberg, 1610 in Schlackenwald (Böhmen), 1616 in Karlsbad. Seit 1619 arbeitete Schererz als deutscher Prediger in Prag, wurde 1622 von dort vertrieben, wurde sodann Pfarrer und Superintendent in Lüneburg und starb dort am 31.12.1639.[125]

Der Dreißigjährige Krieg und dessen unmittelbare Folgezeit zeitigten nicht nur die Entstehung von Trostbüchern für Soldaten – Schererz selbst hat ein solches verfaßt[126] –, sondern brachten auch ein gesteigertes Bedürfnis nach antimelancholischer Seelsorge mit sich, was sich z. B. in Schererz' ‚FUGA Melancholiae cum Speculo Tentationum'[127] spiegelt. Der Krieg – so beobachtet Schererz – hat nicht nur leibliche Nöte wie Hunger, Verlust von Hab und Gut und den Tod über das Land gebracht, sondern auch Schwermut verbreitet. „Und wenn wir Seelsorger und Prediger recht und genau Acht auf unsere anbefohlenen Schäflein haben, so finden wir der traurigen und mit Schwermut des Geistes beladenen Leute von Tag zu Tag je länger je mehr."[128] Schererz ist in ei-

Sigismund Schererz,
Fuga Melancholiae, Frontispiz

nem erstaunlich stark empirisch ausgerichteten Ansatz darum bemüht, die durch die spezielle historische Krisensituation des Dreißigjährigen Krieges sowohl in leiblicher als auch in seelischer Hinsicht entstandene Notlage seiner Adressaten zu beschreiben und zu erfassen, um dann sein seelsorgliches Programm auf diese Situation zuzuschneiden.

Schererz ist bekannt, daß der Hang zur Melancholie aufgrund bestimmter erblicher psychischer Dispositionen im Menschen angelegt sein kann und sich seelische Nöte und Traurigkeit der Mutter während der Schwangerschaft auf das ungeborene Leben auswirken können. „Wie denn auch mancher Mensch desto trauriger von Natur ist, weil seine Mutter, da sie ihn unter ihrem Herzen trug, mit großer Betrübnis beschweret war."[129] Schererz weiß aber auch, daß die Schwermut und eine melancholische Veranlagung aufgrund gewisser materieller Konditionen zum Ausbruch kommen können. Daher bietet er u. a. einen „tröstlichen Unterricht für diejenigen, so wegen Verlierung ihrer zeitlichen Güter in diesen erbärmlichen Kriegszeiten sehr betrübet sein."[130] Hier versucht Schererz, diejenigen zu trösten, die durch die Kriegswirren entweder der völligen Pauperisierung zum Opfer gefallen sind oder in ihrem Besitz so starke Verluste erlitten haben, daß ihre Lebens-

Sigismund Schererz,
Fuga Melancholiae, Frontispiz

grundlage und die Sicherung ihrer Existenz zumindest in Frage gestellt und sie hierüber in Existenzangst und Schwermut gefallen sind. „Denn wer will die melancholischen Leute alle zählen, die hin und wieder in der Welt bei diesen allgemeinen betrübten Kriegszeiten entweder 1.) an ihren zeitlichen Gütern großen Schaden gelitten, oder 2.) dieselben mehrenteils durch Rauben, Plündern und ausgepreßte Kontributionen verloren oder 3.) gar um das Ihre gekommen und in Armut geraten sein?"[131] Melancholie – so Schererz – kann „aus der allgemeinen Misere der Zeitläufte" („ex generali Temporum Miseria"[132]) entstehen.

Den Krieg und die u. a. durch dieses konkrete historische Ereignis bedingte seelische Notlage vieler Menschen begreift Schererz als Zeichen der Endzeit und als gnädiges Strafgericht Gottes, durch das er die Menschen – kurz bevor das Ende kommt – zu sich bekehren und berufen will. Daher entzieht Gott in manchen historischen Situationen den materiellen Besitz, damit die sündigen und von Gott abgewandten Wesen durch leiblichen Verlust auf den wahren Trost und das wahre geistige Gut aufmerksam werden, das sie allein im Glauben an Gott haben.[133] Hier davon zu sprechen, die protestantischen Pfarrer und Seelsorger hätten durch Angstmache das 16. und 17. Jahrhundert zum „Zeitalter der Angst"[134] werden lassen, bzw. die reformatorische Lehre habe einen sich in Frömmigkeitsübungen verstrickenden Persönlichkeitstypus befördert, der zur Melancholie und zum Selbstmord neige[135], verkennt den historischen und homiletischen Sitz im Leben der Bußpredigt völlig und hat nicht begriffen, daß die Gerichtspredigt die Menschen gerade von aller Weltangst und der Furcht, einem unabänderlichen Fatum ausgeliefert zu sein, befreien will, indem sie tröstlich verkündet, daß Gott verheißt, sich im wahren Glauben finden lassen zu wollen und dann – im Sinne des Buches Jona – sich seines Zornes gereuen zu lassen und von seinen Gerichtsplänen Abstand zu nehmen.

Angesichts dieser durch den Dreißigjährigen Krieg und dessen Folgen kausierten exzeptionellen Notlage ist Schererz an einer engen Kooperation mit Ärzten und an einer gegenseitigen Unterstützung sehr gelegen, weswegen auch er die Medizin lobend rät, von derselben Gebrauch zu machen, weil allein im Zusammenspiel der Seelsorge mit der Arzneikunst wirklicher, d.h. die Seele wie den Leib erreichender Trost und damit eine Heilung im Vollsinne zustande kommen kann. „Auch hat es sich oft begeben, wenn man allein die geistliche Arznei aus Gottes Wort zur Hand genommen, daß sie zwar an der Seele das Ihre getan, aber weil man der natürlichen Mittel und Arznei vergessen, den Kranken und Schwermütigen nicht recht ist geholfen worden."[136] Schererz nennt die bereits bekannten Trostmittel gegen die Melancholie und rät überdies, sich von Bekannten Trostbüchlein zu leihen. Dies mag erahnen lassen, einen wie wichtigen Sitz im Leben diese literarische Gattung innehatte, daß sich gewissermaßen Lesezirkel geistlicher Literatur bildeten. Schwermütige sollen sich „schöne Trost-Büchlein von andern borgen, so sie keine haben, und fleißig darinnen lesen [...] Ich habe einen Betrübten gekannt, der sich mit einem einigen geborgten Trostbüchlein fast alleine seines Elendes nähest Gott erwehret hat."[137]

Bernhard Albrecht
(Porträtsammlung der HAB A 218)

8. BERNHARD ALBRECHT

Bernhard Albrecht wurde am 25.5.1569 in Augsburg geboren, studierte in Jena Theologie, wurde danach Pfarrer in Pielenhofen bei Regensburg, dann Diakon in Augsburg, „allwo er wegen der Religion zweimal nebst andern aus dem Ministerio abgesetzet worden." Die erste Exilierung erlitt Albrecht 1627, das Datum der zweiten ist ungewiß. Er starb 1636.[138]

Auch Albrechts Werk stammt aus der Zeit des Dreißigjährigen Krieges und hat den sprechenden und den Zeitbezug bereits verratenden Titel: ‚Melancholia, das ist: Christlicher und zu dieser Zeit sehr notwendiger Bericht von der melancholischen Schwermut und Traurigkeit, woher sie komme, durch was für Mittel derselben zu begegnen und wie man sich wider alle und jede Anfechtung trösten möge. Allen betrübten und angefochtenen Herzen zu sonderbarem Trost und Erinnerung gestellet'.[139] Einen zentralen Grund für die weitverbreitete schwermütige Stimmung sieht Albrecht in dem Umstand, daß im Zuge des Krieges viele protestantische Prediger verjagt, die Gemeinden im Stich und ohne seelsorglichen Rat gelassen worden sind und die tröstliche Predigt des Evangeliums so verhindert worden ist.[140] Albrecht selbst ist aus Augsburg vertrieben worden, schreibt sein Trost-

MELANCHOLIA:
Das ist/
Christlicher vñ
zu diser zeit sehr nothwendiger Bericht/ von der Melancholischen Schwermuth vnd Traurigkeit/ woher sie komme/ durch was für mittel derselben zu begegnen/ vnnd wie man sich wider alle vnd jede Anfechtung trösten möge.

Allen betrübten vnd angefochtenen Hertzen zu sonderbahrem Trost vnd erinnerung gestellet/

Durch
M. Bernhard Albrecht von Augspurg/ p.t. Exulem Christi.

Zu End seind etliche Andächtige Gebet für die angefochtene Christen mit angehengt.

Getruckt zu Oetingen/ bey Lucas Schulles. Im 1631. Jahr.

Bernhard Albrecht,
Melancholia (HAB 749. 1 Theol.)

buch nun als Exulant in Nördlingen[141] sich aufhaltend und dankt in seiner Dedikationsschrift dem Bürgermeister und dem Rat der Stadt für die Gewährung von Asyl.[142] Die Jetztzeit begreift Albrecht wie Schererz als Endzeit und sieht im Krieg eine Ursache der grassierenden melancholischen Krankheit. „Wie viel gibt es jetziger Zeit an allen Enden und Orten melancholische, betrübte und traurige, angefochtene Herzen, in denen eine stete Furcht und Angst, Schrecken und Zagen ist?"[143] Da es das Amt der Seelsorger ist, die müden Hände und die strauchelnden Knie zu stärken (Jes 35,3), ist angesichts der Schärfe seelischer Not eine verstärkte poimenische Tätigkeit der Pfarrer vonnöten,[144] zu der Albrecht Anleitung bieten will.

Auch Albrecht entwickelt einen sehr stark empirisch und zunächst deskriptiv ausgerichteten Ansatz der Melancholie-Therapie, indem er in einem eigenen Abschnitt eine „Beschreibung der Melancholie"[145] und eine „descriptio"[146] derselben darbietet. Die Melancholie ist eine „Angst und Bangigkeit des Herzens, da dem Menschen ums Herz eng, bang und wehe wird."[147] Die Melancholie ist die schlimmste Anfechtung,[148] weil sie tentatio sine tentatione (Anfechtung ohne Anfechtung) ist. „Und wenngleich in Wahrheit weder innerliche noch äußerliche, weder geistliche noch leibliche

Not oder Anfechtung vorhanden, sind dennoch melancholische Leute in sich selbst so betrübt und traurig, daß die Schwermut nicht aus ihren Herzen will."[149] Wie Luther ist Albrecht der Ansicht, daß es die schlimmste Anfechtung ist, wenn keine da ist oder keine da zu sein scheint. Daher ist die Melancholie „gewißlich die allergrößte, sorglichste und gefährlichste"[150] Plage, die intensivste Seelsorge nötig macht und viel poimenische Erfahrung erfordert. „Es braucht große Mühe und Arbeit, bis solche Leute wiederum zurechtgebracht werden. Das weiß ich."[151] Ausführlich nennt Albrecht die Symptome der Melancholie wie Herzensangst, Weinen, Schlaflosigkeit, leibliche Schwäche, Freud- und Trostlosigkeit und nennt biblische Deskriptionen derselben, v.a. aus dem Psalter und aus Hiob.[152]

Wie Schererz rechnet auch Albrecht mit der Möglichkeit, daß die Melancholie als psychischer Defekt erblich ist. Die Schwermut im Erwachsenenalter kann jedoch auch auf traumatische Erlebnisse während der Kindheit zurückgehen und insbesondere durch harte und lieblose Erziehung verursacht sein. „Es kann aber dieser Mangel auch daher kommen, daß oft die Kinder von Jugend auf unter den Eltern, Vormunden, Schulmeistern oder andern fremden Leuten auferzogen, hart gehalten und zum Stillschweigen gar zu streng gewöhnet werden. Das hängt ihnen hernach ihr Leben lang an."[153] Im Zuge dieser unerwartet modern anmutenden psychologisch-empirischen Reflexion nennt Albrecht auch das Schadennehmen an Leib und Gut als Verursachung von melancholischer Traurigkeit. „Es kann auch ein Mensch in Melancholie und Traurigkeit geraten, wenn es ihm übel gehet, daß er entweder Schaden am Leib, an Ehr und Gut nimmt oder Verfolgung leidet."[154]

Die Erstursache der Melancholie jedoch ist Gott, der sich nur der eben genannten Mittelursachen und – wie an Hiob zu lernen ist – auch des Teufels für eine gewisse Zeit bedient. „Die vornehmste und Prinzipalursache, wovon die Melancholie über einen Menschen kommet, ist Gott, der Herr"[155], der zwar nicht Ursache des Bösen ist, doch aber dasselbe zulassend zu einem guten Zweck benutzt, „jedoch aber anders nicht als permittendo."[156] Gott ist ein Liebhaber des Lebens (Ps 30,6), „und wenn er schon einen Menschen mit solcher Plage der Melancholie heimsuchet, so tut er's doch nicht zu seinem Schaden und Verderben."[157] Der Teufel und Gott affizieren den Menschen mit melancholischer Traurigkeit, ersterer, um ihn in seine, dem Teufel, ewig anhaftende und endlose Melancholie hineinzuziehen und sozusagen in seiner Melancholie Gesellschaft zu haben, letzterer aber, um ihn durch die nur zeitweilig herrschende Traurigkeit zur wahren göttlichen Freude einzuführen. „Über das ist bei diesen Parteien, Gott und dem Satan, der ungleiche finis wohl zu betrachten, den sie in diesem Werk fürhaben."[158] Daß hierin kein statischer, gar markionitischer Dualismus zweier gleich starker Prinzipien – des Guten und des Bösen – zu sehen ist, erhellt aus der in diesem Kontext immer wieder angeführten Exempelgeschichte Hiobs, den zu versuchen Gott dem Teufel den Auftrag gibt.

Wie selbstverständlich die Kooperation von Seelsorgern und Ärzten in der frühen Neuzeit gewesen ist, verdeutlicht sich auch bei Albrecht, der nach der Spendung geistigen Trostes seine Adressaten gewissermaßen an die Ärzte überweist, weil er – anders als Muehlmann – sich in der medizinischen und diätetischen Behandlung der Schwermut offensichtlich nicht derart gut auskennt. „Und will sonderlich vonnöten sein, daß man in Essen und Trinken, im Schlafen und Wachen eine gute Diät und Ordnung halte. Darinnen dann die Medici oder Physici, die Ärzte, am besten guten Rat geben und rechte Ordnung fürschreiben können, die man nicht verachten, sondern fleißig observieren und brauchen solle."[159] Daß es zum Amt eines

Seelsorgers gehört, um die Grenzen seiner Kompetenz zu wissen und das Teamwork mit den Ärzten zu suchen, ist Albrecht wohl bewußt.

Ein Schwermütiger – so Albrecht – soll die „Einsamkeit meiden"[160], und schon die Schöpfungsgeschichte (Gen 2,18) weiß, daß es nicht gut ist, daß der Mensch allein ist. „Gott, die heilige Dreifaltigkeit, hat gleich im Anfang, da er den ersten Menschen geschaffen, also davon geredet: Es sei nicht gut, daß der Mensch allein sei."[161] Der Sohn Gottes bedurfte in seiner tiefsten Traurigkeit der Gesellschaft, weswegen er drei seiner Jünger mit in den Garten Gethsemane nahm (Mt 26,37). „Als er seinen schweren Todeskampf verrichten sollte, will er auch nicht allein bleiben, sondern nimmt Petrus, Jacobus und Johannes mit sich."[162] Eine zentrale Bedeutung kommt daher dem seelsorglichen Amt der Gemeinden und der Organisation von Besuchsdiensten zu: Die Gemeindeglieder sollen sich gegenseitig besuchen, stärken und trösten. „So jemand zu bekümmerten und angefochtenen Personen gehet, der soll kommen, daß er ihnen freundlich zuspreche, sie tröste und stärke, so gut als er kann. Solches ist billig."[163] Gerade während des Dreißigjährigen Krieges, in dem viele Gemeinden nach der Vertreibung ihrer Pfarrer Phasen des poimenischen Notstandes überbrücken mußten, bewährte sich das allgemeine Seelsorgeamt, das ein Teil des Priestertums aller Gläubigen ist. Trost und Zuspruch sind nicht abhängig von Amtswürden. „Denn wenn man etwa im Notfall oder zur Zeit der Verfolgung keine ordentlichen Kirchendiener haben kann, die ex officio solchen Leuten zusprechen, so kann oft ein geringer Mensch oder auch wohl ein frommes Weibsbild ein Trostsprüchlein bringen, das den Betrübten erquicket und aufrichtet."[164]

Betrachtet man die antike Tradition der Behandlung der Melancholie-Thematik, so fällt immer wieder – schon im Problem XXX,1 – die hier formulierte innere Dialektik des Phänomens Melancholie auf. Die durch ein Übermaß an schwarzem Saft der Galle kausierte Schwermut ist dieser Anschauung zufolge eine Krankheit. Die Melancholie ist aber gleichzeitig – wenn sie ein gewisses Maß nicht überschreitet – ein Ausweis von größter geistiger Kapazität und Genialität sowie gleichsam die Voraussetzung für künstlerische und staatsmännische Betätigung: „Diejenigen jedoch, bei denen die übermäßige Wärme auf ein Mittelmaß abgeschwächt ist, die sind dann zwar Melancholiker, aber besonnener und weniger exzentrisch, in vieler Hinsicht anderen überlegen, sei es durch geistige Bildung, sei es durch künstlerische Begabung, sei es durch staatsmännische Fähigkeit."[165] Auch die μανία ist nach Platons Phaidros entweder eine Krankheit, oder aber Folge und Produkt einer besonderen göttlichen Begabung.[166] In der Renaissance nun flossen diese beiden Traditionsströme zusammen. Marsilius Ficino war wohl der erste, der die pseudoaristotelische Sicht der Genialität des Melancholikers mit dem platonischen Theorem vom ‚furor divinus', dem göttlichen Wahn, vereinte[167] und damit nebst Francesco Petrarca zum Schöpfer des Bildes vom genialen und gottbegabten Schwermütigen im Europa der frühen Neuzeit wurde.

Diese in der antiken Tradition und in der Weiterentwicklung derselben durch die Renaissance vorgegebene Dialektik setzt sich sachlich in der orthodoxen Melancholie-Seelsorge fort, wird aber biblisch-theologisch neu gefüllt, indem sie sozusagen in die Dialektik des ‚simul iustus et peccator' eingezeichnet wird. Denn einerseits ist die Melancholie als körperlich-seelischer Defekt eine Krankheit und steht somit im Zusammenhang mit dem durch die Sünde in die Welt gekommenen Verderben und dem Tod, dessen teuflische Macht sich in gesundheitlichen Defiziten und im Seufzen der Kreatur (Röm 8,22) manifestiert. Gleichzeitig aber ist die Melancholie doppelt reflektiert auch eine

Auszeichnung des Glaubenden, da Gott den Glaubenden dieser Prüfung für würdig befindet und ihn innerhalb seines Werkes zur Linken durch die Traurigkeit zu sich zieht. Und diese Traurigkeit ist es, die die Verheißung in sich trägt, daß sie in Freude verkehrt werden soll (Joh 16,20). Die Melancholie ist daher teuflische Anfechtung und gleichzeitig Ausdrucksform der göttlichen Traurigkeit nach 2Kor 7,10, die eine der höchsten Auszeichnungen des Glaubenden ist, weil ihr alle Verheißungen des eschatologischen Heils gegeben sind. Traurigkeit und Schwermut führen den Glaubenden zur imitatio Christi und in die Lebensgemeinschaft mit Christus, der – wie Luther sagt – als wahrer Mensch und wahrer Gott die tiefste Traurigkeit und die äußerste Freude in sich vereint.[168] Keine melancholische Krankheit kann so schwer sein wie diejenige, unter der der Gottessohn am Gründonnerstag und am Karfreitag gelitten hat. Aber jedem Schwermütigen ist die Verheißung gegeben, daß die Konformität mit Christus in dessen Traurigkeit zur Erbschaft der größten Freude Christi und zur Teilhabe an ihr führen wird.

Luther hatte bereits den Hochmut (superbia) auf biblische Weise mit völlig neuem Sinn begabt. Das, was in der scholastischen Sündenlehre eine der sieben Todsünden war, wird nun bei Luther radikal umgewertet als Hochmut des Glaubens zum höchsten nur denkbaren Ausdruck der Freude und des Trostes des gerechtfertigten Christenmenschen. Eine ähnliche Neuinterpretation erfährt bei Luther und seinen Erben auch die ‚tristitia', die ‚acedia'. Das, was die Scholastik als die größte aller Todsünden bezeichnete, ist nun sub contrario Unterpfand der vollkommenen Freude in Christus.

Der Melancholie eignet somit dieselbe Dialektik wie in der Medizin dem Gift, das in der rechten Dosis angewandt als Gegengift heilende Wirkung hat. Und das Emblem der an das Kreuz erhöhten Schlange (Num 21,8f; Joh 3,14) erinnert nicht zufällig an den Äskulap-Stab.

Übersehen werden darf nicht, daß die Rede von der Melancholie als Ausweis höchster auch poetischer Begabung durch die soeben skizzierte reformatorisch-theologische Interpretation nicht einfach ersetzt wird, sondern in der Dichtung weiterlebt und sich dort mit Ansätzen der orthodoxen Poimenik verbindet. In des Rostocker Professors für Poetik Andreas Tschernings (1611–1659) Selbstvorstellung der Melancholie „Melancholey redet selber"[169] findet sich die von Ficino her bekannte Koppelung des platonischen Begriffes der göttlichen Mania mit der Melancholie-Thematik wieder. Denn die Melancholie stellt sich als der „Wahnwitz" vor, der den wahren Poeten hervorbringt und ihn fast so stark inspiriert wie Phöbus (d.i. Apoll): „Ich kann durch Wahnwitz fast so gute Verse schreiben / Als einer der sich läßt den weisen Föbus treiben / Den Vater aller Kunst."[170] Die Melancholie vermag es, dem Menschen den Heiligen Geist zu vermitteln, ihn in Ekstase zu versetzen und ihm mantische Fähigkeiten zu verleihen.

„Und Himmelischer Geist / wann der sich in mir
[reget /
Entzünd ich als ein Gott die Herzen schleunig an /
Da gehn sie außer sich / und suchen eine Bahn.
Die mehr als Weltlich ist. Hat jemand was ge-
[sehen /
Von der Sibyllen Hand / so ist's durch mich
[geschehen
[...] Wann nämlich meine Kraft / so hohe Sachen
[liebet /
Ihm auch / was Göttlich ist / in Kopf und Feder
[gibet."[171]

Ähnlich wie Luther beschreibt auch Tscherning die Befindlichkeit des Schwermütigen, der derart in seine Gedanken vertieft ist, daß er von Sinnen ist.

„Es trügt mich / was ich seh' / und bild es mir
[doch ein /
Der Tag bedünkt mich Nacht / und Nacht der
[Tag zu sein.
[...] Ich sitz / ich lieg / ich steh / ist alles in
[Gedanken."[172]

Daß Tscherning nicht einfach das von der Renaissance geprägte Bild vom melancholischen Genie unkritisch übernimmt, sondern im Kontext der lutherisch-orthodoxen Theologie reflektiert, zeigt sich an der Stelle, wo er ganz im Sinne Luthers die Schwermut als Befindlichkeit des durch Gesetz und Sünde verklagten und ungetrösteten Gewissens vor Augen stellt.

„Bald denk ich an die Sünden
Und denn so muß ich Angst / O Zentnerangst!
[empfinden /
Wann je der große Gott mit Donner auf uns
[schlägt /
So mein' ich, daß er auch zu mir kein Herze trägt.

Johannes Olearius
(Porträtsammlung der HAB A 15426)

Kann auch der Pluto fast mehr Plagen um sich
                                        [führen?
Kann auch mehr Schmerz und Angst das
                                [Höllenheer berühren?"[173]

Der im Zuge der Reformation begründete und von den orthodoxen Nachfolgern Luthers systematisierte und ausgearbeitete Ansatz der Melancholie-Therapie jedenfalls hat sich nicht nur in der kirchlich gebundenen Choraldichtung, sondern in eigenständiger Weise auch in der Dichtung des 17. Jahrhunderts niedergeschlagen, sprachbildend gewirkt und dort eine weitere Form der Artikulation gefunden.

9. JOHANN OLEARIUS

Johann Olearius wurde 1611 in Halle/S. geboren, wurde 1643 Hofprediger, später auch Kirchenrat und Generalsuperintendent in Halle. Seit 1680 bekleidete er die Ämter eines Hofpredigers und Generalsuperintendenten in Weißenfels und starb 1684.[174]

Wie sehr die antimelancholische Seelsorge in die Hymnologie der altprotestantischen Orthodoxie hineingewirkt und den Choralgesang als eine wichtige Form des Vollzugs von Seelsorge begriffen hat, zeigt sich u. a. in Olearius' Werk ‚Geistliche Singe-Kunst und ordentlich verfaßtes vollständiges Gesangbuch, welches ist der andere Teil der Exemplarischen Betkunst, darinnen über zwölfhundert erbauliche Lieder aus Gottes Wort, absonderlich aber die Gesänge Doktor Martin Luthers und seiner getreuen Nachfolger [...]', das 1671 in Leipzig erschien. Dieses Buch enthält neben einem Schatz an Chorälen in der Vorrede eine poimenisch reflektierte Hermeneutik der Hymnologie und schenkt den Äußerungen Luthers über die antimelancholische Funktion des Gesangs besondere Beachtung. Luthers Tischreden zitierend sagt Olearius: „Der schönsten und herrlichsten Gaben Gottes eine ist die Musica. Der ist der Satan feind, damit man viel Anfechtung und böse Gedanken vertreibet. Der Teufel verharret ihr nicht. Musica ist der besten Künste eine, sie ist das beste Labsal einem betrübten Menschen, dadurch das Herz wieder zufrieden, erquickt und erfrischt wird. Sie ist eine Zuchtmeisterin, so die Leute gelinder und sanftmütiger, sittsamer und vernünftiger macht, sie erinnert uns der Freude des ewigen Lebens [...] Wer die Musica verachtet, wie denn alle Schwärmer tun, mit dem bin ich nicht zufrieden, denn sie ist eine Gabe und Geschenk Gottes, vertreibet den Teufel und macht die Leute fröhlich [...] Ich gebe nach der Theologie der Musica den nächsten locus und höchste Ehre."[175]

Ein besonders effizientes Trostmittel gegen die Schwermut und alle andere Art von Anfechtung ist die Musik dann, wenn sie als Vokalmusik die biblische Sprache und damit das göttliche Wort in sich aufnimmt und es verstärkt. Olearius spricht daher von der „mit dem Schwert des Wortes bewaffneten Musik" („Musica gladio verbi armata"[176]) und sieht in der Verquickung von Gebet und Gesang die schärfste Waffe gegen den Teufel. „Allein dieser magnes armatus, der geistlich bewehrte Magnet, die von Beten und Singen zusammengesetzte Andacht, wird gleichsam gedoppelt. Es wird ein siegreich Feldgeschrei daraus, welches die Mauern zu Jericho fällen, das Feuer vertilgen (Daniel Kapitel 3 [scil. Dan 3,19–27]) und alle Feinde verjagen kann."[177] Diesem geistlichen Feldgeschrei muß der Trauergeist weichen: „Denn dem bösen Geist ist nicht wohl dabei, wo man Gottes Wort im rechten Glauben singet oder predigt. Er ist ein Geist der Traurigkeit und kann nicht bleiben, wo ein Herz geistlich (das ist in Gott und seinem Wort) fröhlich ist, davon auch St. Antonius sagt, daß geistliche Freude dem Teufel wehe tue."[178]

Im Anschluß sowohl an Luther als auch an

D. Augusti **Pfeiffers**
ANTIMELANCHOLICUS,
oder
Melancholey-Vertreiber/
Welcher
denen Candidatis Ministerii und angehenden Predigern
PROMTUARIUM CONSOLATIONUM
eine Vorraths-Kammer allerhand Trostes in allen leiblichen und geistlichen Anliegen/ daraus der Usus Paracleticus in ihren Predigten zunehmen;
allen rechtschaffenen Christen aber
ANTIDOTUM TENTATIONUM
ein bewährtes Mittel wider alle Anfechtung/ an die Hand giebt.
Mit einem dreyfachen Register.

Leipzig/ verlegts Joh. Friedrich Gleditsch/ Buchh.
ANNO M DC LXXXIV.

August Pfeiffer,
Antimelancholicus (HAB Th 2044)

Heinrich Schütz entwickelt Olearius seine Theorie vom biblischen Spracherwerb der Musik. Die Musik muß reden, d.h. predigen und damit trösten lernen. Oder anders: Rhetorik und Musik finden in der gemeinsamen Aufgabe der Wortverkündigung und des Tröstens zusammen. „Also soll auch die Musica alle ihre Noten und Gesänge auf den Text richten, denn die Musica muß reden lernen, sagte der [...] hochberühmte Musicus Herr Heinrich Schütz. Sie muß wie ein guter Redner die Worte des Texts nachdrücklich vorbringen und durch die Ohren zugleich das Herz bewegen. Die Noten machen den Text lebendig, sagt Lutherus in den Tischreden Kapitel 68."[179] Die Musik zeichnet es aus, daß sie nicht nur die Affekte bewegt und den Menschen fröhlich werden läßt, sondern ihn durch Rhythmik auch körperlich in Bewegung versetzt. „Die geistliche Singekunst ist eine herzliche Bewegung über alle Bewegung."[180] Gerade diese Bewegung ist einem Schwermütigen so notwendig, da zu seiner melancholischen Befindlichkeit die Lethargie und die körperliche Starrheit hinzugehören.

August Pfeiffer,
Antimelancholicus, Frontispiz

10. AUGUST PFEIFFER

August Pfeiffer wurde am 27.10.1640 in Lauenburg geboren, besuchte das Johanneum in Hamburg, studierte dann in Wittenberg und wurde dort 1665 zum Professor für Orientalistik berufen. 1675 wurde Pfeiffer Pfarrer in Meißen, 1681 Archidiakon an St. Thomas in Leipzig und Extraordinarius für Theologie. Seit dem Jahr 1689 arbeitete er als Superintendent in Lübeck und starb am 11.1.1698.

Einen gewissen Höhepunkt erreicht die antimelancholische Seelsorgeliteratur in Pfeiffers[181] ‚Antimelancholicus oder Melancholie-Vertreiber, welcher den Kandidaten des Predigtamtes und angehenden Predigern promptuarium consolationum, eine Vorratskammer allerhand Trostes in allen leiblichen und geistlichen Anliegen ist, daraus der usus paracleticus [scil. die tröstliche Nutzanwendung] in ihren Predigten zu nehmen. Allen rechtschaffenen Christen aber antidotum tentationum, ein bewährtes Mittel wider alle Anfechtung an die Hand gibt'[182]. Dieses mächtige Werk unterscheidet sich von den eher knapp gehaltenen älteren Trostbüchern nicht nur, was den Umfang angeht, sondern auch darin, daß es sich – wie der Titel erkennen läßt – zunächst als Seelsorge- und Predigtanweisung an die Pfarrerschaft wendet, die aus diesem Buch die jeweiligen von den Predigttexten zu machenden parakletischen usus abnehmen soll. Allerdings nimmt der Titel daneben auch die Gemeindeglieder als Adressatenkreis in den Blick. Neu ist, daß Pfeiffer viel stärker noch als seine Vorgänger Melancholie und Anfechtung als Synonyma versteht, so daß er nun jegliche Art von Anfechtung (tentatio) und somit alle möglichen Gewissensfälle (casus conscientiae) der melancholia subsumiert, was zudem daraus erhellt, daß die spezielle Therapie der Melancholie in diesem Werk nur in einem Unterkapitel abgehandelt wird. Ganz deutlich gehört Pfeiffers ‚Antimelancholicus' daher in die Wirkungsgeschichte des Werkes ‚De casibus conscientiae'[183] des Wittenberger Theologieprofessors Friedrich Balduin (1575–1627), der im Interesse daran, möglichst viele der möglichen Anfechtungsarten empirisch zu erfassen, eine poimenische Kasuistik etablierte, die sich u. a. auch in den breit ausgeführten seelsorglichen Werken von Johann Olearius[184] spiegelt.

Anlaß für die Abfassung dieses Buchs gab Pfeiffer die Pest. „So habe ich den Vorrat zu diesem Werklein gutenteils zusammengetragen zu der Zeit, da wir wegen der grassierenden Pest und andern schweren Läuften in unserm ganzen Lande melancholisch waren."[185] Das Werk gliedert sich in zwei Teile, wobei im ersten die leiblichen, im zweiten die geistlichen casus conscientiae abgehandelt werden. Ein Proprium dieses Buches ist die das gesamte Werk prägende Art der Darstellung, in der ein Melancholiker zunächst seine Not verbalisiert und zuerst von einem ‚leidigen' (Hiob 16,2) und dann von einem ‚freudigen' Tröster getröstet wird. „In einem jeden Kapitel führe ich zuvörderst einen absonderlichen Melancholicus auf den Plan, der sein eigen Anliegen auf dem Herzen hat und sich wegen desselben ausführlich expektorieret. Ferner führe ich einen leidigen Tröster, welcher die vorgelegten Knoten nicht füglich auflöst, sondern gewaltsamer Weise zerschneidet [an ... welcher] die Herzenswunde nicht heilet, sondern ärger und das Herz nicht leichter, sondern schwerer machet. Darauf findet sich aber allemal ein freudiger Tröster, der nach Befindung absonderlich oder zugleich dem leidigen Tröster ernstlich ein-, dem bekümmerten Herzen aber tröstlich zuredet und anstatt des schlechten und zur Verzweifelung zielenden einen rechten und zur beständigen Gemütsvergnügung angesehenen Rat mitteilet."[186]

Dieser methodische Ansatz erlaubt es Pfeiffer erstens, den Redegang des Angefochtenen zu einer möglichst genauen empirisch ausgerichteten Deskription der Notlage und des jeweils charakteristischen casus conscientiae zu benutzen, in der entweder der zu Tröstende selbst oder aber der Seelsorger gleichgeartete Fälle wiedererkennen soll. Zweitens aber ist dadurch auch eine Möglichkeit geschaffen, nicht stichhaltige Trostgründe vorzustellen und deren Unzulänglichkeit im Redegang des wahren Trösters darzutun. Auffällig nämlich ist, daß Pfeiffer nicht nur, wie dies frühere Schriften getan haben, von der bloß partiellen und für sich genommen nicht zureichenden Wirkung der consolatio philosophiae spricht, sondern die poimenische Literatur nun auch als einen solchen Ort versteht, an dem die seelsorglich nicht genügenden Irrlehren dargestellt und widerlegt werden sollen.

Im Kapitel „Von der Melancholie und den Skrupeln wegen der Genugtuung Jesu Christi"[187] etwa setzt sich Pfeiffer mit dem Sozinianismus auseinander. Der gebürtige Italiener Fausto Sozzini (Socinus, 1539–1604) hatte die Lehre von der Dreieinigkeit Gottes in Zweifel gezogen, Jesu Vorbild und ethische Lehre als das eigentlich erlösende Moment seiner Tätigkeit angesehen und mit dieser Ansicht besonders in Polen breite Anhängerschaft gefunden. Gegen diese Leugnung der Trinitätslehre, die aufgrund der Ablehnung der wahren Gottheit Christi zugleich die Bedeutung Christi im Versöhnungsgeschehen schmälerte, wendet sich

Pfeiffer. Als ‚leidiger' Tröster nämlich tritt hier Fausto Sozzini auf, der die Versöhnungslehre ein „purlauteres Menschengedicht"[188] nennt. „Faustus Socinus gibt einen leidigen Tröster ab: Wie kann Christi Tod und Pein / Doch der Menschen Lösgeld sein?"[189] Gegen den Häretiker läßt Pfeiffer dann Christus selbst als Disputator auftreten, der ebenfalls in gereimter Form spricht: „Ach, ist das mein Dank? Halt ein! Lästre nicht mein Blut und Pein."[190] Nacheinander widerlegt Christus nun in mehreren Gesprächsgängen die verfehlten Meinungen des Socinus, Gott vergebe ohne Bezahlung, Sündenstrafe sei nicht übertragbar und Christus habe als Gottes Sohn nicht unparteiischer Mittler sein können. Gegen die in späterer Zeit in der rationalistisch-aufgeklärten Beschneidung der Versöhnungslehre sich verbreitende Meinung des Socinus, es sei nicht denkbar, daß Christus all das habe erleiden müssen, was die Menschen verdient haben – nämlich den ewigen Zorn und das gesamte Gericht Gottes – tritt Christus mit den Worten auf: „Nun weiß ich ja am besten, wie meine Seele gearbeitet und wie ich mit unvergleichlicher Höllenangst mein Leiden am Ölberge angefangen und am Stamme des Kreuzes beschlossen."[191]

Hieran zeigt sich, daß Pfeiffer stärker jedenfalls, als dies in den früheren antimelancholischen Werken üblich gewesen ist, die theologia paracletica mit der theologia polemica verquickt, was u. a. durch das verstärkte Auftreten der sozinianischen Häresie und die aus ihr sich ergebende Infragestellung der lutherischen Orthodoxie mitbedingt sein mag. Das hat nichts damit zu tun, daß Pfeiffer die Polemik als einen Selbstzweck oder gar als Hauptaufgabe der Theologie begreift. Vielmehr weiß Pfeiffer, daß Heterodoxie und Häresie Gründe für Anfechtungen insofern sein können, als sie die Glaubensgewißheit der Menschen in Frage stellen. Pfeiffer ist sich dessen bewußt, daß die theologia polemica selbst seelsorglich motiviert sein kann. Dies ist eine Einsicht, die zumal in der bisweilen immer noch die ‚böse‘ und polemische von der ‚frommen‘ Orthodoxie trennenden Orthodoxieforschung noch nicht zum Durchbruch gekommen, geschweige denn populär geworden ist.

Die bislang oft als einseitig lehrhaft verschriene lutherische Orthodoxie hat es vermocht, sich in diätetischer und medizinischer Hinsicht der Weltweisheit samt deren antiken Wurzeln zu öffnen und sie im Kontext der Seelsorge zu rezipieren. Ein ähnlicher Rezeptionsprozeß geht auch in der orthodoxen Predigtlehre und -praxis vor sich, die für eine breite Rezeption der antiken Rhetorik gesorgt und sie für die biblisch-theologische Verkündigung fruchtbar gemacht hat.[192] Mit diesen beiden Integrations- und Rezeptionsprozessen geht eine ungeheuer breite Ästhetisierung und Poetisierung der theologischen Arbeit einher, wie etwa an der Fruchtbarmachung der Musik im Kontext der antimelancholischen Poimenik zu sehen ist. Nicht zuletzt auch der hintergründige geistliche Humor vieler orthodoxer Seelsorger macht die Attraktivität der nachreformatorischen Theologie aus. Mit dem Pietismus indes, der lange Zeit seinem eigenen Selbstverständnis entsprechend einseitig und unkritisch als Wiedergeburt und Vollendung der Reformation nach der Epoche der vermeintlich toten Orthodoxie bezeichnet worden ist, beginnt ein weit weniger offenherziger Wind zu wehen. Die facettenreiche antimelancholische Seelsorge und deren Diskurs mit der antiken Tradition spielt hier längst nicht mehr die zentrale Rolle wie in der Orthodoxie. Frömmigkeit und Weltweisheit drohen auseinanderzudriften, wobei letztere hauptsächlich von den aufklärerischen Bewegungen als ihr Proprium reklamiert wird. Die Beschäftigung mit der antiken Rhetorik in der Predigtarbeit nimmt ab, und Humor und ästhetische Reflexion treten ins zweite Glied zurück.

Vielleicht kann diese Skizze dazu beitragen, daß in Zukunft die Forschungslegenden von der dogmatistisch-starren und in einer Frömmigkeitskrise steckenden Orthodoxie nicht mehr unhinterfragt geduldet oder nachgesprochen werden. Wer es dennoch tut, wird zitiert.

ANMERKUNGEN

[1] Um nur einige einschlägige Arbeiten zu nennen, ohne Anspruch auf Vollständigkeit zu erheben, sei verwiesen auf: Günter Bader, Melancholie und Metapher. Eine Skizze, Tübingen 1990. Hellmut Flashar, Melancholie und Melancholiker in den medizinischen Theorien der Antike, Berlin 1966. Raymond Klibansky, Erwin Panofsky, Fritz Saxl, Saturn und Melancholie. Studien zur Geschichte der Naturphilosophie und Medizin, der Religion und der Kunst, übers. von Christa Buschendorf, Frankfurt a. M. 1992 (engl. 1964). Ute Mohr, Melancholie und Melancholiekritik im England des 18. Jahrhunderts (= Münsteraner Monographien zur englischen Literatur 2), Frankfurt a. M. u. a. 1990. Klara Obermüller, Studien zur Melancholie in der deutschen Lyrik des Barock (=Studien zur Germanistik, Anglistik und Komparatistik 19), Bonn 1974. Markus Schär, Seelennöte der Untertanen, Zürich 1985. Hans-Jürgen Schings, Melancholie und Aufklärung. Melancholiker und ihre Kritiker in Erfahrungsseelenkunde und Literatur des 18. Jahrhunderts, Stuttgart 1977. Winfried Schleiner, Melancholy, Genius, and Utopia in the Renaissance (= Wolfenbütteler Abhandlungen zur Renaissanceforschung 10), Wiesbaden 1991. Hubertus Tellenbach, Melancholie. Problemgeschichte, Endogenität, Typologie, Pathogenese, Klinik, Berlin u. a. ³1976. Helen Watanabe-O'Kelly, Melancholie und die melancholische Landschaft. Ein Beitrag zur Geistesgeschichte des 17. Jahrhunderts (= Basler Studien zur deutschen Sprache und Literatur 54), Bern 1978. Wolfgang Weber, Im Kampf mit Saturn. Zur Bedeutung der Melancholie im anthropologischen Modernisierungsprozeß des 16. und 17.

Jahrhunderts, in: Zeitschrift für historische Forschung 17 (1990), S. 155–192. Vgl. auch die thematisch höchst heterogenen Beiträge in: Melancholie in Literatur und Kunst (= Schriften zu Psychopathologie, Kunst und Literatur), Hürtgenwald 1990. Als Forschungsbericht vgl. Wolfgang Mauser, Melancholieforschung ..., in: Lessing Yearbook 13 (1981), S. 253–277.

[2] Vgl. Ludwig Völker (Hg.), ‚Komm, heilige Melancholie'. Eine Anthologie deutscher Melancholie-Gedichte, Stuttgart 1983.

[3] Vgl. aber Ernst Koch, Die höchste Gabe in der Christenheit. Der Umgang mit Schwermut in der geistlich-seelsorgerlichen Literatur des Luthertums im 16. und 17. Jahrhundert, in: Monika Hagenmaier, Sabine Holtz (Hgg.), Krisenbewußtsein und Krisenbewältigung in der Frühen Neuzeit – Crisis in Early Modern Europe, Festschrift für Hans-Christoph Rublack, Frankfurt a. M. u. a. 1993, S. 231–242.

[4] Es handelt sich um die Choräle ‚Straf mich nicht in deinem Zorn' (Evangelisches Kirchengesangbuch [EKG] 176) und ‚Schwing dich auf zu deinem Gott' (EKG 296). Vgl. J. A. Steiger, Die unaufgeklärte Gesangbuch-Revision. Eine historische und theologische Kritik am neuen Evangelischen Gesangbuch, in: Theologische Rundschau 60 (1995), S. 204–226, hier: S. 208f.

[5] [Luther, Martin], Des Thewren Seeligen Manns GOTTES D. MARTINI LUTHERI Teutsche Schrifften aus denen Wittenbergischen Jehni- und Eislebischen Tomis auff des Durchleuchtigsten Hochgebornen Fürsten und Herrn Friedrich Wilhelms Hertzogen Zu Sachsen, gnädigsten befehl Zusammen getragen und in Zehen Theilen verfasset, Altenburg in

Meissen 1661–1664 (Herzog August Bibliothek Wolfenbüttel [HAB] Li 4° 272: 1–10), (fortan zit.: AA), hier: AA 6, 337a. Vgl. zum folgenden die grundlegende Arbeit von Ute Mennecke-Haustein, Luthers Trostbriefe (= Quellen und Forschungen zur Reformationsgeschichte 56), Gütersloh 1989, bes. S. 242–247 u.ö. Vgl. zum Topos: Valerius Herberger, Sirachs Hohe Weißheit= und Sitten=Schule / Oder Jesus Sirach In XCVII. Predigten deutlich erklähret [...] Leipzig 1698 (HAB Th 4° 28), S. 461: „Was vor Angst ists um ein schwermüthiges Hertz! Melancholia balneum diaboli. Melancholey ist des Teuffels Baderey [...] Sirach sagt hier: Traurigkeit tödtet viel Leute."

[6] Vgl. Gerhard Krause, Luthers Stellung zum Selbstmord, in: Zeitschrift für Evangelische Ethik 35 (1991), S. 50–71, hier: S. 59: „Luthers satanologische Beurteilung des Selbstmordes befreit mit einem Schlage von den üblicherweise das Feld beherrschenden moralischen Beurteilungskategorien."

[7] In diesem Sinne unterscheidet Herberger, a.a.O. (wie Anm. 5), S. 463 zwei Arten von tristitia. „Zwar die Traurigkeit ist unterschiedlich. Es ist Traurigkeit / die wegen begangener Sünde entstehet / wenn man will Busse thun / und diese ist nöthig / heylsam und nützlich; Denn die göttliche Traurigkeit wircket zur Seligkeit eine Reue / die niemand gereuet / 2. Cor. 7. vers. 10."

[8] „Auff die Weise / spricht der heilige Geist / werdet ihr diesem Könige dienen / daß inwendig und außwendig Frewde sey / doch mit Schewe und Ehrerbietung / daß wir nicht zu Säwen werden / und allzu sicher / und in eine fleischliche Fröligkeit gerathen. Denn Gott ist wol zu frieden / es ist ihm nicht zu wider / daß wir frölich und guter Ding seyn / wenn

man nur nicht sicher ist / ja mit Trawrigkeit unnd Schwermütigkeit erzürnet und beleidiget man ihn / er wil ein frölich Hertz haben." Luther, AA 5, S. 1174. Vgl. auch Luther, Werke (Weimarer Ausgabe, fortan zit.: WA), Bd. 37, S. 475.

[9] Luther, AA 5, S. 1174: „Denn GOtt hat nicht gewolt / daß wir im Himmel oder auff Erden / sondern im Mittel sollen seyn [...] In Summa / welche Christen sind / die sind nicht zu gar furchtsam noch zu gar frölich."

[10] WA 36, S. 384 (Predigt am 3. Adventsonntag, 15.12.1532 [im Hause]).

[11] Ebd.

[12] „Ideo Euangelium est ein trostlich und gnadenreiche predigt den elenden, das Christus ihn helffen wil und wil der konig sein, der den todten, sundern, gefangen sub lege hilfft, das ist mein reich sagt er." WA 36, S. 384.

[13] „Den der teuffel hat lust darzw, das er eynen Melancolicum auß myr mache." WA 34, II, S. 70 (Predigten des Jahres 1531).

[14] „Beysse, teuffel, ßo lang dw wylst, Schrecke, laß mich eynen Melancolicum werden, ich draw dyr myt dem Christo, das dw nicht solst außrichten, was dw ym synne hast, dw solst mich nicht ßo trawrig machen, als dw denckest. Dw hast eynen herren uber dyr, der dich unter die fusse ßol werffen." Ebd., S. 70f.

[15] „quia cordis cogitationes sunt abstractae a sensibus"; WA 43, S. 520 (Genesis-Vorlesung 1535–45, zu Gen 27,23).

[16] „Die tentatio macht ein menschen gantz schlefferig und faul wie die iunger im garten waren. Tristicia absorbet omnem sensum." WA 31, I, S. 306 (Die ersten 25 Psalmen auf der Koburg ausgelegt 1530, zu Ps 6,8).

[17] „Sicut videre est in Melancholicis. Illi aliis loquentibus, bibentibus, ingredientibus aut egredientibus nihil audiunt, nec vident: quia cordis cogitationes sunt abstractae a sensibus. Ideo animus Melancholicus occupatus cogitationibus aliarum rerum non animadvertit ea, quae palam sensibus obiiciuntur, adest aliis confabulantibus, recitantibus historias et fabellas, et tamen nihil horum audit, quin animus quasi peregrinatur. Saepe comedens et bibens. Melancholicus, quid comedat aut quid bibat, nescit, cerevisiamme [sic!] an vinum. De Bernardo narrant, quod biberit oleum pro vino, cum esset meditabundus. Ac multo magis id fit, quando accedit spiritualis obumbratio, et animus spiritualis totus in res spirituales intentus est." WA 43, S. 520.

[18] Vgl. WA 31, I, S. 306f: „Sic sapiens quoque dixit: ‚tristicia multos occidit' et Paulus 2. Cor. 7. ‚tristicia saeculi mortem operatur.' Est enim pestilentia vitae tristicia. Proverb. 25. ‚Spiritus tristis exiccat ossa.' Et Ecclesiastes hoc subinde praecipit, das man eim iungen menschen sol wehren, ne fiat melancholicus, es verderbet leib und leben, marck und bein."

[19] „Gnade und Friede in Christo! Durchleuchtigster Fürst, G[nädiger] Herr! Mir hat Magister Nicolaus Hausmann angezeigt, wie E[uer] F[ürstliche] G[naden] etwas schwach gewest, aber doch nu, Gott Lob, wiederumb zu Paß worden.

Mir fället aber oftmals ein, wie E. F. G. ganzer Stamm fast ein eingezogen, still, löblich Wesen geführet, daß ich zuweilen denke, es möcht auch wohl die Melancholia und schwere Gemüte oft Ursach sein zu solchen Schwachheiten. Darumb wollt ich E. F. G., als einen jungen Mann, lieber vermahnen, immer fröhlich zu sein, zu reiten, jagen und ander guter Gesellschaft sich fleißigen, die sich göttlich und ehrlich mit E. F.

G. freuen können. Denn es ist doch ja die Einsamkeit oder Schwermut allen Menschen eitel Gift und Tod, sonderlich einem jungen Menschen. So hat auch Gott geboten, daß man solle fröhlich fur ihm sein, und will kein trauriges Opfer haben, wie das im Mose oft geschrieben stehet und Ecclesiastes 12: ‚Freu dich, Jüngling, in deiner Jugend, und laß dein Herz guter Ding sein!' Es gläubt niemand, was Schaden es tut einem jungen Menschen Freude wehren und zur Einsamkeit oder Schwermut weisen.

E. F. G. haben den Magister Nicolaum Hausmann und andere mehr, mit denen seien sie fröhlich; denn Freude und guter Mut (in Ehren und Züchten) ist die beste Erzenei eins jungen Menschen, ja aller Menschen. Ich, der ich mein Leben mit Trauren und Saursehen habe zubracht, suche itzund und nehme Freude an, wo ich kann. Ist doch itzt, Gott Lob, so viel Erkenntnis, daß wir mit gutem Gewissen können fröhlich sein und mit Danksagung seiner Gaben brauchen, dazu er sie geschaffen und Wohlgefallen dran hat.

Habe ich's nicht troffen und hiemit E. F. G. Unrecht getan, wollen E. F. G. mir den Feil verzeihen gnädiglich. Denn ich furwahr denke, E. F. G. möchte zu blöde sein, fröhlich sich halten, als wäre es Sünde; wie mir oft geschehen und noch wohl zuweilen geschieht. Wahr ist's, Freude in Sünden ist der Teufel, aber Freude mit guten, frommen Leuten in Gottesfurcht, Zucht und Ehren, obgleich ein Wort oder Zötlin zu viel ist, gefället Gott wohl.

E. F. G. sein nur immer fröhlich, beide inwendig in Christo selbs und auswendig in seinen Gaben und Gütern; er will's so haben, ist drumb da, und gibt darumb uns seine Güter sie zu gebrauchen, daß wir sollen fröhlich sein und ihn loben, lieben und danken immer und ewiglich.

Schwermut und Melancholia wird das Alter und andere Sache selbs wohl uberflüssig bringen. Christus sorget fur uns und will uns nicht lassen. Dem befehl ich E. F. G. ewiglich, Amen. Am Pfingstabend zu Wittenberg im 1534.

E. F. G. williger
D. Martinus Luther."

WA Briefe 7, S. 66f (Nr. 2113: Luther an Fürst Joachim von Anhalt, Wittenberg 23.5.1534). Vgl. die minutiöse Analyse dieses Briefes bei Mennecke-Haustein, a.a.O. (wie Anm. 5), S. 242–247.

[20] „Musica ist der besten Künst eine / Die Noten machen den Text lebendig / Sie verjagt den Geist der Trawrigkeit / wie man am Könige Saul sihet [...] Musica ist das beste Labsal einem betrübten Menschen / dadurch das Hertze wider zu fried / erquickt vnd erfrischt wird." Tischreden Oder COLLOQVIA DOCT. Mart. Luthers [...] Nach den Heubtstücken vnserer Christlichen Lere / zusammengetragen (von Johannes Aurifaber), Eisleben 1566, fol. 577. Vgl. Lothar und Renate Steiger, Sehet! Wir gehn hinauf gen Jerusalem. Johann Sebastian Bachs Kantaten auf den Sonntag Estomihi (= Veröffentlichungen zur Liturgik, Hymnologie und theologischen Kirchenmusikforschung 24), Göttingen 1992, S. 11–14 mit viel weiterem Material.

[21] „Aus, Teufel, ich muß itzt meinem Herrn Christo singen und spielen." WA Br 7, S. 105 (Nr. 2139: Luther an Matthias Weller, Wittenberg 7.10.1534). Vgl. Mennecke-Haustein, a.a.O. (wie Anm. 5), S. 214–220. 224f.

[22] Deutsches Biographisches Archiv (DBA) 878, 340–355.

²³ Melancholischer Teufel / Nützlicher bericht vnd heilsamer Rath / Gegründet aus Gottes Wort [...], Thann 1572 (HAB Alv. Ba 83 (6)). Titel lautet wohl aufgrund eines Druckerversehens vollständig: Melancholischer Teufel / Nützlicher bericht vnd heilsamer Rath / Gegründet aus Gottes Wort / wie man alle Melancholische / Teuflische gedancken / vnd sich trösten sol / Insonderheit allen Schwermütigen hertzen zum sonderlichen Trost gestellet. Auf dem Titelblatt findet sich als Motto Sir 30,22f zitiert ("Mache dich selbst nicht traurig und plage dich nicht selbst mit deinen eigenen Gedanken. Denn ein fröhlich Herz ist des Menschen Leben, und seine Freude ist sein langes Leben'). Erstauflage unter dem Titel: Nützlicher Bericht / vnnd Heilsammer Rath aus Gottes Wort / wider den Melancholischen Teuffel / Allen schwermütigen vnnd trawrigen hertzen / zum sonderlichen beschwerten trost / Labsall vnnd Ertzney gestellet, o.O. 1569 (HAB Alv. Ba 78 (1)).
²⁴ Musäus' Ansatz ist z. B. von Caspar Melissander rezipiert worden, der eine Kompilation aus Luthers, Tilman Heßhusens und Musäus' antimelancholischen Schriften herstellte: Trostbüchlein In hohen geistlichen Anfechtungen / vnd schwermütiger Trawrigkeit [...], Jena 1572 (HAB Alv. Ba 83 (4)).
²⁵ Ebd., S. AVv.
²⁶ „Die mittelstrasse warhafftiger bekerung zu Gott / ist gebawet auff Gottes Furcht / vnd vertrawen / laut des 2. Psalms [...] Der Holtzweg zur Rechten ist vermessene sicherheit / Der Holtzweg zur Lincken ist trostlose furcht / trawrigkeit / vnd verzweiffelung. So lest nu die Melancholey die

mittelstrasse der furcht / vnd vertrawens zu Gott / liegen / vnnd füret auff beiderley Holtzwege." Ebd., S. B Ir/v.

27 Vgl. die Abbildung desselben bei Panofsky, Saxl, Klibansky, a.a.O. (wie Anm. 1), Abb. 1, nach S. 199.

28 „Denn dieweil der Leib mit der seelen in eine person zu sammen verbunden ist / wie ein Herberg an jhren Wirt / vnnd wie ein Knecht an seinen Herren / so mus er auch mit jhr guts vnnd böses leiden. Wenn nun die Seele von dem Melancholischen Teuffel mit hefftigen sorgen vnd schmertzen gemarttert gebraten vnd gesotten wird / so verdorret vnd verwelcket auch der leib [...] das Hertz wird matt / der Magen wirdt Schwach / alle lust vnd freude zu essen / zu trincken vnnd zu schlaffen vergehet / vnnd werden dadurch / die aller geschwindesten kranckheiten erreget / als der Schlag / die Darre vnd anders." Musäus, a.a.O. (wie Anm. 23), S. B IV r/v.

29 Ebd., S. B Vr: Es „tödtet vnd verderbet die Melancholey [...] beyde die seele vnd den leib / welche billich heilige vnd stille Wohnung vnd Tempel des heiligen Geists solten sein."

30 „Sintemal wir vns zuwider dem ersten Gebot / gleich auff Gottes Stuel setzen / greiffen jhm in sein Regiment [...] wollen vns ohn seinen danck selbs reich / gesund vnd selig tichten." Ebd., S. B Vr.

31 „Befehle dem Herrn deine wege / vnd hoffe auf jn / Er wirds wol machen. Das ist nu das geheg vnnd geschrenck / so Gott zwischen vnser sorge vnd seiner sorge gemacht hat." Ebd., S. C Vr.

32 „Nein / ich habe das meine gethan / weiter ist mir nichts müglich / nötig noch befohlen / sondern mein lieber Gott / hat jm selbs den ausgang meiner gethanen arbeit / vnd ge-

brauchter Mittel vorbehalten / zu regieren vnnd zu versorgen / nach seinem willen vnd gefallen." Ebd., S. C Vv.

[33] „Das heist denn recht mit sorgen gebürliche masse gehalten / vber alle hohe Berge des glücks / vnnd vber alle tieffe Thal des vnglücks / in Gottes Veterlichen willen vnd schutz sich geschwungen / vnd von aller Melancholey einen seligen Sabbath vnd Feyerabend gemacht / vnd mit dem 62. Psalm gesagt / Meine Seele ist stille zu Gott / der mir hilfft." Ebd., S. C VIr/v.

[34] „Solchem jammer zu wehren / so hat vns Got wieder solche Melancholische Marterwoche zweierley Ostern zu halten / das ist / zweierley krefftige mittel zugebrauchen / ohn vnterlas befohlen." Ebd., S. C VIIv.

[35] Vgl. ebd., S. C VIIIv/D Ir.

[36] „Ehrlicher vnd Gottfürchtiger Leute geselschafft vnd gesprech. Wie Salomo Prouerb: 12. sagt / Sorge im hertzen krencket / aber ein freundlich wort erfrewet." Ebd., S. C VIIIr.

[37] Luther, Schmalkaldische Artikel 4, in: Die Bekenntnisschriften der evangelisch-lutherischen Kirche. Herausgegeben im Gedenkjahr der Augsburgischen Konfession 1930, Göttingen ²1952, S. 449.

[38] „Das haben auch die Heiden gewust / wie Plutar: ad Apolonium diese Vers citirt. ψύχης νοσούσης εἰσιν ἰατροὶ λόγοι Das ist / die rede est [!] einer krancken Seelen Artzt. Item: λόγος γὰρ ἐστι φάρμακον μόνον Das ist / allein das gesprech vertreibt die traurigkeit." Musäus, a.a.O. (wie Anm. 23), S. C VIIIr. Druckfehler μόνος emendiert.

[39] Syrach Mathesij Das ist / Christliche, Lehrhaffte / Trostreiche vnd lustige Erklerung vnd Außlegung des schönen

Haußbuchs / so der weyse Mann Syrach zusammen gebracht vnd geschrieben, 3 Teile, Leipzig 1589 (1586) (HAB C 118 Helmst. 2°(2)).

[40] Kofent ist ein einfaches Dünnbier. Vgl. Jacob und Wilhelm Grimm, Deutsches Wörterbuch, Bd. 11, Sp. 1574f.

[41] „WEnn nu ein Mensch einen frölichen muth hat / vnd das Hertz ist voller frewde / da thut sich das Hertz auff / gibet allen Adern ein frisch Geblüt / vnd eine liebliche vnd lustige flam in die SehnAdern / damit der Mensch leichtsinnig wird / alßdenn dawet der Magen wol / Lunge vnd Leber wird erfrischet / alle äderlein regen sich vnd werden gestercket / da folget langes vnd lustiges Leben. Einem solchen frölichen Hertzen schmecket alles wol was es jsset / Ein gesunder Zaan kewet jhm aus einem stücke Brod ein Marcipan / saget das Sprichwort / Ein trunck Kofend schmecket wie Maluasier. Wenn man frölich zu Bette gehet / vnd lesset alle sorge vnd schwermuth in Schuehen fürm Bette stehen / da schlefft sichs sanfft / vnd wenn man erwachet / wolte man gerne wider essen." Mathesius, a.a.O. (wie Anm. 39), II, S. 40.

[42] Ein Stocker ist ein Narr. Vgl. Jacob und Wilhelm Grimm, Deutsches Wörterbuch, Bd. 19, Sp. 85, wo sich auch das hier angeführte Zitat findet.

[43] „Mancher gehet zum Weine / spielet / singet / bestellet Stocker / reyset vber Land / aber es hilfft was es kan / des Nachts kömmet doch sorge vnnd bekümmerniß wider. Manche nimmet einen jungen Man / vmb der Liebe willen / darüber wird sie getröstet [...] das gehet hin." Mathesius, a.a.O. (wie Anm. 39), II, S. 133f.

[44] „Aber das ist der sterckeste trost / welchen auch dem Ciceroni sein Bruder fürhelt vnnd erinnert: Das wir alle ster-

ben müssen [...] Aber dieser trost macht ein Hertz auch nicht frölich oder lebendig / es muß das Wort des Lebens / des Geistes / der Hertzog vnd Geber des Lebens dazu kommen / der muß trost ins Hertz sprechen." Ebd., S. 133f.

45 „Zum andern / Wird neben dem Gesprech wieder die Melancholey auch gelobet ein messiger␣trunck Weins. Wie der 104. Psalm saget / Der Wein erfrewet des menschen hertz." Musäus, a.a.O. (wie Anm. 23), S. C VIIIv/D Ir.

46 „Messige vnd zimliche ergetzligkeit vnnd kurtzweil der schwermütigen." Ebd., S. D IVv.

47 „... sich mit blosser Gesellschafft / mit einem trunck Wein / vnnd Musica nicht [...] erschrecken noch verjagen / es sey denn sache / das er den nachdruck Göttliches worts vnd Geist darbey spüre." Ebd., S. D Vv.

48 „... die schwermütige hertzen in der Trinckstuben Götliches worts erquicket." Ebd., S. D VIIv.

49 „Von diesem Zechbruder solten wir lernen gleicher gestalt in der Geistlichen Trinckstuben des heiligen Geistes ohn vnterlas pancket[i]eren / vnd alle Melancholische anfechtungen vber zeitlichem vnd ewigem leben vertrincken." Ebd., S. D VIIIv.

50 Ebd., S. E I.

51 „Die wort fleissig erwegen / vnnd wie ein wolriechendes kreutlein wol reiben / bis wir jhnen einen ruch angewinnen." Ebd., S. E Iv.

52 Ebd., S. E IIv.

53 Vgl. ebd., S. E VIIIr.

54 Ebd., S. E VIIIv/F Ir.

55 „Darumb frewe dich von hertzen / vnnd wisse / das du als den / dem Himelreich am aller nehesten seiest / vnd Gott

habe dich eben darumb so tieff genidriget / vnnd inn die zeitliche Helle gefüret / auf das er dich desto mehr erhöhe." Ebd., S. F IIIr.

56 DBA 1080, 331–333.

57 Der Hellische Trawer Geist, o.O. 1568 (HAB J 250 a Helmst. 4°(15) [unvollständig]).

58 „[Gott] thut wie ein Fischer der Fisch fangen wil / der bindet eine schnure an einen stecken / vnd vnten an die schnur ein scharpffe Angel / daran hengt er ein Würmlein / vnd wirfft das ins Wasser / da kommet denn der Fisch / sihet das arme würmlein / sihet aber nicht die scharpffe Angel in dem Würmlein verborgen / vnd beist drein / meinet er bekome ein gut niedlich bislein / Aber die Angel bleibet jm im Munde oder halse stecken / vnd wird also gefangen vnd ergriffen. Also thut Gott der Vater auch / da nimpt er seinen eingebornen geliebten Son / den henget er an die Linea oder schnur der Patriarchen vnd Propheten / mus Adams / Abrahams / Dauids Fleisch vnd Blut annemen / vnd lest jn aus dem hohen Himmel in die Welt kommen." Ebd., S. B 4 r/v.

59 „Aber es bekömpt jm wie dem hunde das Grass / denn der Christus bleibet jm im halse stecken / vnd mus jhn wider speien / wie der Walfisch den Propheten Jonam." Ebd., S. C 1r.

60 WA 32, S. 285 (Predigt 26.12.1530).

61 „... von des Teufels verdamlichen Holtzwegen / widerumb auff dem Regiam viam auff die Mittelstrasse zum Ewigen Leben beruffen vnd füren." Sarcerius, a.a.O. (wie Anm. 57), S. C 3r/v.

62 „Der schönesten vnd herrlichsten gaben Gottes eine ist die Musica / der ist der Sathan sehr feind / darmit man viel an-

fechtung vnd böse gedancken vertreibet / der Teufel erharret jr nicht. Item: Musica ist der besten kunst eine / die Noten machen den Text lebendig / sie veriagt den Geist der trawrigkeit / vnd ist das beste labsal einem betrübten menschen / dardurch das hertze wider zufriede gestellet / erquicket vnd erfrischet wird. Da Luth. auch einmal auff einem weglein in ein holtz / vnd auff die Acker hinaus spaciren füre / sich zu erlüstigen / sang und war frölich / Gott zu ehren / sprach er / vnser gesenge verdriessen den Teuffel vbel / vnd thun jm sehr wehe / widerumb vnser vngedult klagen vnd Awe schreien / gefelt im wol / vnd lachet drüber in die faust / er hat lust vns zuplagen / sonderlich wenn wir Christum rühmen / predigen vnd loben" (Ebd., S. F 2v).

[63] „Letzlich kömpt er (scil. der Teufel; A.S.) ein mal zu der wirtin im haus / die in einer kamer allein lag / mit der schertzet er / leufft auf dem Bette daher wie eitel ratten meuse / da er nu nicht wil auffhören / da ist das weib her / vnd wendet das hindertheil zum bette hinaus / vnd lest jm ein redlichen (mit züchten zu reden) für die Nasen tretten / vnd spricht / sihe da Teuffel / da hastu einen stab / den nim in deine hand / vnd gehe darmit walfart gehn Rom / zu deinem Abgott dem Bapste / vnd hole dir Ablas von jm." Ebd., S. F 3r/v.

[64] „Des Himmels Vorschmack / machet
ein all-erleidends Herz /
das alle Noth verlachet /
hält Sterben nur vor Scherz."
Völker (Hg.), a.a.O. (wie Anm. 2), S. 309.

[65] „Der HErr / sey deine Stärke;
der Glaube / sey dein Schild und Sieg;

damit des Satans Werke
und aller Laster schwerer Krieg
in dir zerstöret werden /
und nichts als Geistes-Ruh /
auch auf der eitlen Erden /
bey dir sich finden thu."
Ebd.

[66] DBA 1198, 316–373; Allgemeine Deutsche Biographie (ADB), 56 Bde., hg. durch die historische Commission bei der Königlichen Akademie der Wissenschaften, Berlin 1875–1912, hier: Bd. 35, S. 37–41 und Gustav Kawerau, Art. Spangenberg, Johann und Cyriakus, Realencyklopädie für protestantische Theologie und Kirche, 3. Auflage, 22 Bde., Leipzig 1896–1909 (zit.: RE³), hier: Bd. 18, S. 563–572.

[67] „Wir müssen auch bißweilen also ohne empfindtlichen Trost ein zeitlang gelassen werden / vnnd trawrigkeit haben / damit die Hoffnung [...] stat vnd raum gewinne." Cyriacus Spangenberg, Amarum dulce. Von der Waren Christen Leid vnd freud / Eine Predigt. Vber das Euangelion des Sontags Iubilate, Ioan. 16. Vber ein kleines / etc. Sampt einer Trostschrifft wider den Traurgeist, Erfurt 1565 (HAB Td 313 (3)), S. H IIIv/IV r.

[68] „Wenn man nu in Göttlicher freude vnd trost gantz truncken [...] würde / so bliebe die Geistliche Hoffart / vermessenheit vnnd sicherheit nicht aussen / Darüber sich denn allerley sünde mehr finden würden. Derhalben mus vns vnser HERR GOtt bißweilen das Honig entziehen / vnnd ein bißlein Myrrhen einstreichen." Ebd., S. H Iv.

⁶⁹ ADB 24, S. 493–495; DBA 921, 94–117 und J. Wagenmann und Gustav Bossert, Art. Osiander 1. Lucas Osiander d.Ä., in: RE³, Bd. 14, S. 509–512.
⁷⁰ „Dann der trost so man auß der Philosophorum schrifften / oder von den weltkindern / erholen will / der mag den stich nit halten / sondern er rinnet den trawrigen Leuten durch die finger / gleich als ob es lauter Quecksilber wer." Lucas Osiander, Ein Predig / Wie die Christen in diser Welt / mit gutem gewissen / Frölich sein / vnd schwermütigkeit von sich treiben mögen vnd sollen, Tübingen 1584 (HAB Alv. Dl 208 (4)), S. B IIr.
⁷¹ Vgl. ebd., S. B IIr: „Lieber / es gehet in diser Welt nicht anderst zu: Es ist vilen andern Leuten auch also gangen: vnd was man nicht wenden kan / das muß man also geschehen lassen."
⁷² „Wann man kein bessern trost hette / dann allein disen / so wer es eben ein trost / als wann man zu einem / der mit dem Strang gerichtet werden solte / spricht: hab ein gut hertz / du darffst nicht allein hangen: man wirt wol drey oder vier mit dir hencken. Was ist das für ein trost? Oder wie kan eines Menschen Hertz daruon frölich werden [?]." Ebd.
⁷³ Philipp Melanchthon, Ein Trostschrift für alle betrübten hertzen / in diesen kümmerlichen zeyten, o.O. (Magdeburg) 1547 (HAB Ts 50. 3 (3)), S. A IIIv.
⁷⁴ Ebd., S. A IVr.
⁷⁵ „... in was grosser not das gantz menschlich geschlecht stecket / vnd wie mancher trefflicher weyser / ehrlicher / theurer Man / mit grewlicher widerwertigkeyt vbereylet worden / Alss Hercules / Palamedes / Miltiades / Themi-

stocles / Pompeius / Julius Cesar / vnd andere vnzeliche." Ebd., S. A IVv.

[76] „... das die fehle vnd menschliche gebrechen vil grösser sind / denn die vernunfft vnd weissheyt auff erden verstehen kan." Ebd., S. B Iv.

[77] Ebd., S. B IIr.

[78] „Gedenck du keins wegs / das Gott dich in gleichem leyden verworffen habe." Ebd.

[79] „Kein Creatur kan durch eigenen verstand / ausserhalb Gottes offenbarung / vermercken in grossen nöten / das sie einen gnedigen Gott habe." Ebd., S. B IIv.

[80] „... muss zu der verheissung kommen / der glaube / die anruffung / vnd hoffnung der hülff vnd erlösung." Ebd., S. B IIIr.

[81] „Jm fahl sich aber ein Christ nicht selbst wider auffrichten vnd trösten köndte / so solle er sein anligen vnd betrübnus einem frommen Christen vnd vertrawten freund / oder wo es von nöten / einem Kirchendiener klagen / so wirdt jhm sein hertz vil weiter vnd sein beschwerdt vil ringer werden [...] Darumb soll sich ein Christ nicht scheuhen / einem andern verstendigen Christen sein bekümmernuß vnnd anfechtung zueröffnen: so ist jhm schon mehr dann halb geholffen." Osiander, a.a.O. (wie Anm. 70), S. C Iv/ IIr.

[82] Klibansky, Panofsky, Saxl, a.a.O. (wie Anm. 1), S. 145f.

[83] „Aber ein betrübter muth vertrücknet das gebein: dann trawrige schwermüttige Leut verlieren den schlaff / verlieren die kräfften jres Leibs vnd gemüts / werden vnlustig vnnd verdrossen in jhrem beruff / vnnd Sterben vor der rechten zeit." Osiander, a.a.O. (wie Anm. 70), S. A IVv.

[84] „Sonderlich aber sollen sich schwermütige leut darfür hü-

ten / dz sie nicht müssig gehn / vnd jhren gedancken nachhengen [...] Da aber ein Christ jmmerdar etwas vnderhanden nimbt / dz sein beruff erfordert / oder auch / daß zu ehrlicher ergetzung dienet / so können schwermütige gedancken desto weniger tieff ins hertz einsitzen." Ebd., S. C IIr.

[85] „Vor allen dingen aber sollen trawrige Leut nicht vil allein sein." Ebd., S. C IIr.
[86] Weber, a.a.O. (wie Anm. 1), S. 163f.
[87] Ebd., S. 191. Vgl. Schär, a.a.O. (wie Anm. 1), S. 288ff.
[88] ADB 2, S. 617; DBA 99, 55–57.
[89] Kurtz Bedencken / oder Bericht / Wie den Melancholicis, so mit trawrigen vnnd schwermütigen Gedancken beladen / zurhaten / vnd sie widerumb auffzumundern, in: Ders., Manuale Ministrorum Ecclesiae, Handbuch, Leipzig 1604, S. 722–743 (HAB S 415 Helmst. 8°).
[90] „für die junge angehende Kirchendiener / im Herzogthumb Würtemberg zugerichtet." Dedikation auf dem Titelblatt.
[91] „Auß Teuffel / ich muß meinem HErrn Christo jetzt singen / vnd lustig sein." Ebd., S. 734, Luther-Beleg vgl. o. Anm. 21.
[92] „... dem Teuffel bald Vrlaub vnd Feyerabend gebe[n]." Ebd., S. 733.
[93] Ebd., S. 723.
[94] Ebd., S. 738.
[95] „Darzu gehöret auch / daß ein trauriger Mensch nicht müssig gehe / sondern eintweder ein feine lustige Arbeit vor sich neme: oder aber in seinem Ampt vnd Beruff jmmer getrost fortfahre." Ebd.
[96] ADB 22, S. 482f; DBA 865, 218–223.

[97] Flagellum Antimelancholicum, Das ist: Christliche Geissel / wider den Melancholischen Trawrgeist vnd Hertzfresser / Aus Gottes Wort geflochten / vnd auff allerley Fälle der Anfechtungen / vnd Melancholischen Grillen gerichtet, Leipzig 1618 (HAB 435 Th. 4° (2)).

[98] Klibansky, Panofsky, Saxl, a.a.O. (wie Anm. 1), S. 45f.

[99] „Gute lenitiva oder weichträncke / zugericht von Cassia Epithymo, Borragen / Ochsenzung / Erdrauch / hopffen / von der edlen Melissen / Geneß blettern vnd Molcken / damit können die Melancholische feuchtigkeiten / welche sonst als ein zehe vnd klebende materia vbel zu heben sind / zur ejection vnd außwerffung praepariret werden." Muehlmann, a.a.O. (wie Anm. 97), S. 27.

[100] Klibansky, Panofsky, Saxl, a.a.O. (wie Anm. 1), S. 77f.

[101] „... als da sind junge Hüner / Kaphanen / Rephüner / Phasan / weiche Eyer / Item Kalbfleisch / Schöpsenfleisch / vnd junge Böcklein / von Zugemüse Endivien Sallat / Pappeln / Ochsenzunge / Ehrenpreiß." Muehlmann, a.a.O. (wie Anm. 97), S. 28f.

[102] Ebd., S. 29.

[103] Ebd., S. 30.

[104] „Es sind auch den Menschen zur freudt / lust / vnnd fröligkeit / mancherley Creaturen / als Kreuter / Blumen / mit so viel geruchen / geschmäcken / farben / geschaffen vnd gegeben [...] Es hat auch Gott dem Menschen zu seiner jrrdischen seligkeit vnnd freud verliehen alles schönes vnnd lustiges / grünes vmbsehen der Berge / hügel / vnnd täler / dicke wäld[er] / helle flüsse / gesund brunnen wildbäder / Meer / bäch / see / teich [...]." Francesco Petrarca, Trostspiegel in Glück vnd Vnglück / Des Weitberumbten Hochgelehrten

fürtrefflichen Poeten vnd Oratorn Francisci Petrarche Trostbücher / von Rath / That / vnd Artzeney in Glück vnd Vnglück [...], Frankfurt a. M. 1584 (HAB 7. 2 Ethica fol.), S. 189.
[105] „... der löblichen Artzney Kunst zu ehren." Muehlmann, a.a.O. (wie Anm. 97), S. 30.
[106] „... daß man der Artzte kunst vnd Rath gebrauche / vnd lasse sie ein meisterstück thun / ob sie mit jren Pillen / Träncken vnd Latwergen / das zehe verbrante Geblüt heben vnd außtreiben oder corrigiren vnd wieder zu rechte bringen können." Ebd., S. 26.
[107] „Denn die Lehr von den affecten gehöret vnter die Secreta vnd geheimniß der Natur. Ein alter Theologus de schola nimmet das Lateinische wörtlein laetitia für sich / vnd spricht / es laute so viel / als latitia, als wenn ich im Deutschen sagte / Freude ist so viel / als weite / darum daß das Hertz von der Frewde lieblich dilatiret vnd erweitert wird. Vnd ich zweifele nit / daß David darauff gesehen habe / im 4. Psalm / da er betet: Dilatasti cor meum, Du machest mein Hertz weit. Lutherus verdeutscht es: Du tröstest mich." Ebd., S. 7.
[108] Ebd., S. 9 werden diese Bibelzitate angeführt.
[109] Klibansky, Panofsky, Saxl, a.a.O. (wie Anm. 1), S. 149.
[110] Vgl. Jacob und Wilhelm Grimm, Deutsches Wörterbuch, Bd. 10, Sp. 1407. Eine Hinde ist eine Hirschkuh. Luthers Übersetzung von Prv 5,19 wird bei Grimm zitiert.
[111] „Daß ein Ehemann seine Frewde hat an seinem lieben Eheweibe / ist auch nicht vnrecht / denn es gebeuts abermal Salomo / Proverb. 5. wenn er spricht: Frewe dich des Weibes deiner Jugend / sie ist lieblich wie eine Hinde / vnd holdselig wie ein Rehe (scil. Prv 5,19; A.S.) [...] Dergleichen vergönnet

der Prediger den jungen Leuten ein frölich Müthlein / cap. 12. Frewe dich Jüngling in deiner Jugend / vnd laß dein Hertz guter dinge seyn / in deiner Jugend / thue was dein Hertz lüstet / vnd deinen Augen gefellet (scil. Koh 11,9; A.S.)." Muehlmann, a.a.O. (wie Anm. 97), S. 8. Auch Luther zitiert in seinem Brief an Fürst Joachim von Anhalt Koh 12,9: „So hat auch Gott geboten, daß man solle fröhlich fur ihm sein, und will kein trauriges Opfer haben, wie das im Mose oft geschrieben stehet und Ecclesiastes 12: ‚Freu dich, Jüngling, in deiner Jugend, und laß dein Herz guter Ding sein!'" (WA Br 7, S. 66).

[112] Muehlmann, a.a.O. (wie Anm. 97), S. 31.

[113] Ebd., S. 33.

[114] Ebd., S. 36.

[115] Ebd., S. 222.

[116] Vgl. ebd., S. 235: „Wenn du nun / lieber Christ / Melancholische trawrigkeit vnd schwermütigkeit bey dir befindest / so nimb alßbald für dich das schöne Psalterbüchlein Davids / oder das herrliche Gesangbüchlein des Herrn Lutheri / daraus bete oder singe ein lieblichen Psalm oder Gesang."

[117] „Denn es kan beydes wol beysammen seyn / ein schöner Text / vnd eine liebliche Melodey." Ebd., S. 223.

[118] „Das ist die rechte himlische Musica, wenn das Hertz mit dem rechten Erkäntnüß Gottes / wahrem Glauben / Christlicher Demuth / vnd allem willigen Gehorsam / gleich wie eine gute Harffe / oder Paduanische Laute / mit reinen Seyten vberzogen / vnd fein artig gestimmet ist." Ebd., S. 228.

[119] Vgl. J.A. Steiger, Die Geschichts- und Theologie-Vergessenheit der heutigen Seelsorgelehre. Anlaß für einen Rück-

blick in den Schatz reformatorischer und orthodoxer Seelsorgeliteratur, in: Kerygma und Dogma 39 (1993), S. 64–87, hier: S. 86.

[120] „Die Musica ist von natur der Melancholey vnd Trawrigkeit zu wider / das sihet man auch an vnvernünfftigen Vögelein / wenn sie am allerlustigsten seyn im Früling / singen sie eins theils Tags vnd Nacht / Aber wenn die lieblichste Zeit vorüber ist / oder sie gefangen vnd eingesperret werden / da werden sie Melancholisch / vnd schweigen so lange / biß sie jhrer verlornen Freyheit vergessen haben / Solte denn die Musica nicht viel mehr einen vernünfftigen Menschen zur Frewde erwecken?" Muehlmann, a.a.O. (wie Anm. 97), S. 231.

[121] Vgl. Luther, Kleiner Katechismus, in: a.a.O. (wie Anm. 37), S. 510: „Ich gläube, daß mich Gott erschaffen hat sampt allen Kreaturen [...]."

[122] „Hergegen ist eine Christliche Musica den Melancholischen Geistern vnd brüllenden Teuffeln ein Hertzleid anzuhören." Muehlmann, a.a.O. (wie Anm. 97), S. 231.

[123] „Darumb liebes Hertz / laß alle Teuffel in der Hell Melancholiren vnnd trawrig seyn / halt du dich allein mit wahrem Glauben an Christum Jesum deinen Heyland vnd Seligmacher / der wird dir alle vom Melancholischen Trawergeist / geschlagene Wunden / zu grund aus Curiren vnd heylen." Ebd., S. 216.

[124] „Der leidige Teuffel hat vns durch den Sündenfall mördlich verwundet / vns an Leib vnnd Seele solche gefährliche Schäden zugefüget / die keine Creatur heylen kunte: Aber Christus hat das Artzts Ampt auff sich genommen vnd vns

wieder durch seine heilige Wunden gesund gemacht vnd geheylet / Esa. 53." Ebd., S. 212.

[125] ADB 31, S. 116; DBA 1097, 311–332.

[126] Sigismund Schererz, MANUALE MILITANTIUM, Kriegsbüchlein / Für Christliche Soldaten: Vnnd für die / so mit Kriegsnoth von GOtt heimgesucht sind [...], 2 Bde., Lüneburg 1628 (HAB Ts 284 (1)). Vgl. auch ders., SPECULUM TENTATIONUM SPIRITUALIUM. Das ist Spiegel Der Geistlichen Anfechtungen [...], Lüneburg 1633 (HAB Yj 113 Helmst. 8°).

[127] Sigismund Schererz, FUGA Melancholiae cum Speculo Tentationum S. Oder: Zwey Geistreiche Büchlein / Das Erste: Seelen=Artzney Wider die Melancholey / Traurigkeit und Schwermuht des Geistes / etc. Das Ander: Spiegel der Geistlichen Anfechtungen / Warum sie GOtt über uns kommen lasse [...], Lüneburg 1652 (HAB Th 2295).

[128] „Und wenn wir Seelsorger und Prediger recht und genau acht auff unsere anbefohlene Schäflein haben / so finden wir der traurigen und mit Schwermuht des Geistes beladenen Leute von Tage zu Tage je länger je mehr." Ebd., I, S. 2.

[129] „Wie denn auch manch Mensch desto trauriger von Natur ist / weil seine Mutter / da sie ihn unter ihrem Hertzen trug / mit grosser Betrübniß beschweret war." Ebd., I, S. 23.

[130] „Tröstlicher Unterricht für die jenigen / so wegen Verlierung ihrer zeitlichen Güter in diesen erbärmlichen Kriegszeiten sehr betrübet seyn." Ebd., I, S. 243ff.

[131] „Denn wer wil die melancholischen Leut alle zählen / die hin und wieder in der Welt bey diesen allgemeinen betrübten Kriegszeiten entweder (1) an ihren zeitlichen Gütern grossen Schaden gelitten / (2) oder dieselben mehrestheils durch rau-

ben / plündern und außgepreste Contributiones verlohren / (3) oder gar üm das Ihre kommen / und in Armuth gerahten seyn?" Ebd., II, S. 243.

[132] Ebd., II, S. 31.

[133] Vgl. ebd., II, S. 247.

[134] Weber, a.a.O. (wie Anm. 1), S. 190.

[135] Vgl. Schär, a.a.O. (wie Anm. 1), S. 224ff u.ö.

[136] „Auch hat sich offt begeben / wenn man allein die geistliche Artzney aus GOTTES Wort zur Hand genommen / daß sie zwar an der Seelen das Ihre gethan / aber weil man der natürlichen Mittel und Artzney vergessen / den Krancken und Schwermühtigen nicht recht ist geholffen worden." Schererz, a.a.O. (wie Anm. 127), I, S. 25.

[137] „schöne Trost = Büchlein von andern borgen / so sie keine haben / und fleissig darinnen lesen [...] Ich habe einen Betrübten gekandt / der sich mit einem einigen geborgten Trostbüchlein fast alleine seines Elendes / nähest Gott / erwehret hat." Ebd., I, S. 61.

[138] DBA 14, 9–12.

[139] MELANCHOLIA: Das ist / Christlicher vnd zu diser zeit sehr nothwendiger Bericht / von der Melancholischen Schwermuth vnd Traurigkeit / woher sie komme / durch was für mittel derselben zu begegnen / vnnd wie man sich wider alle vnd jede Anfechtung trösten möge. Allen betrübten vnd angefochtenen Hertzen zu sonderbahrem Trost vnd erinnerung gestellet, Oetingen 1631 (HAB 749. 1 Th. (1)).

[140] Vgl. ebd., S. X IVr.

[141] Vgl. ebd., S. X Vr/v.

[142] Vgl. ebd., S. XX Ir/v.

[143] „Wie vil gibt es jetziger zeit an allen enden vnd orten Me-

lancholische betrübte vnd trawrige angefochtene Hertzen / in denen ein stete forcht vnd angst / schröcken vnd zagen ist?" Ebd., S. 1f.

[144] Vgl. ebd., S. 2: „Da dann sonderlich will von nöthen sein / daß man solche betrübte / schwermütige vnd trawrige Hertzen / mit Göttlichem Trost auffrichte vnd erquicke / welches fürnemblich trewen Lehrern vnd Seelsorgern ex officio, von Ampts wegen gebüret / nach dem Befelch des Herren."

[145] Ebd., S. 4.

[146] Ebd., S. 6.

[147] „angst vnd bangigkeit des Hertzens / da dem Menschen vmbs Hertz eng / bang vnd wehe wird." Ebd.

[148] Melissander, a.a.O. (wie Anm. 24), S. A 4r (Vorrede) bezeichnet die Melancholie als das schlimmstes Leiden, „denn es verzeret / wie Doctor Luth: auch aus der erfarung sagt / marck vnd bein / krafft vnd safft / vnd verstellet gesicht / farbe / alle sinne vnd geberde." Herberger, a.a.O. (wie Anm. 5), S. 462 hält die Melancholie für die schwerste Krankheit überhaupt: „Zu Leipzig ist ein alter Medicus gewesen / Doctor Auerbach / der hat gesagt: Jch habe in die viertzig Jahr Patienten besucht / und habe in der That befunden / daß mehr Menschen krancken und sterben vor Traurigkeit und Gemüths=Schmertzen / als an andern Kranckheiten."

[149] „Vnnd wann gleich in der warheit weder jnnerliche noch äusserliche / weder geistliche noch leibliche Noth oder Anfechtung verhanden / seind dannoch Melancholische Leut in sich selbst so betrübt vnd trawrig / daß die Schwermuth nit auß ihren Hertzen will." Albrecht, a.a.O. (wie Anm. 139), S. 6.

¹⁵⁰ „... gewißlich die allergrösseste / sorglichste vnd gefährlichste ..." Ebd., S. 7.
¹⁵¹ „Es brauchet grosse Mühe vnd Arbeit / biß solche Leut wiederumb zurecht gebracht werden. Das weiß ich." Ebd., S. 7f.
¹⁵² Vgl. ebd., S. 8–10: Herzensangst: Ps 18,6; 25,17; 77,4. Schreien und Weinen: Ps 18,7; 77,1. Seltsames Verhalten: Ps 38,7. Schlaflosigkeit: Hi 7,11. Leibesschwachheit: Hi 19,20; Ps 32,3.
¹⁵³ „Es kan aber diser mangel auch daher kommen / daß offt die Kinder von Jugend auff vnder den Eltern / Vormunden / Schulmeister oder andern frembden Leuten aufferzogen / hart gehalten / vnd zum stillschweigen gar zu streng gewehnet werden / das hangt jhnen hernach jhr lebenlang an." Ebd., S. 15.
¹⁵⁴ „Es kan auch ein Mensch in Melancholey vnnd Traurigkeit gerathen / wann es jhm übel gehet / daß er entweder schaden am Leib / an Ehr vnd Gut nimbt / oder verfolgung leydet." Ebd.
¹⁵⁵ „Die vornembste vnd Principalvrsache / wavon die Melancholey über einen Menschen kommet / ist GOtt der Herr." Ebd., S. 16.
¹⁵⁶ Ebd., S. 17, vgl. Johann Gerhard: LOCI THEOLOGICI CUM PRO ADSTRUENDA VERITATE TUM PRO DESTRUENDA QUORUMVIS CONTRADICENTIUM FALSITATE PER THESES NERVOSE SOLIDE ET COPIOSE EXPLICATI, ed. Johann Friedrich Cotta, Tübingen 1767–1789 (21 Bde.), Bd. 4, S. 96: „Tertio igitur concurrit divina providentia in malis actionibus eas permittendo. Non enim vult Deus peccatum, & tamen non impedit, quae est ipsa permissio. Quamvis vero permittat volens, non invitus,

tamen permissio & voluntas ad diversa tendunt objecta, permissio refertur ad peccatum ipsum, voluntas ad finem utilem, quem pro sua sapientia ex illo novit educere."

[157] „... vnd wann er schon einen Menschen mit solcher Plag der Melancholey heimbsuchet / so thut ers doch nicht zu seinem schaden vnd verderben." Albrecht, a.a.O. (wie Anm. 139), S. 19.

[158] „Vber das ist bey disen Partheyen / Gott vnd dem Sathan / der vngleiche finis wol zu betrachten / den sie in disem Werck fürhaben." Ebd.

[159] „Vnd will sonderlich von nöthen sein / daß man in essen vnd trincken / im schlaffen vnd wachen eine gute diaet vnd ordnung halte. Darinnen dann die Medici oder Physici, die Artzet / am besten guten Rath geben vnd rechte ordnung fürschreiben können / die man nicht verachten / sondern fleissig observiren vnd brauchen solle." Ebd., S. 44f.

[160] Ebd., S. 45.

[161] „GOtt die H. Dreyfaltigkeit hat gleich im anfang / da er den ersten Menschen geschaffen / also davon geredt: Es sey nicht gut daß der Mensch allein sey." Ebd., S. 46f.

[162] „Als er seinen schweren Todeskampff verrichten solte / will er auch nicht allein bleiben / sondern nimbt Petrum / Jacobum vnd Johannem mit sich." Ebd., S. 49.

[163] „So jemand zu bekümmerten vnd Angefochtenen Personen gehet / der soll kommen / daß er jhnen freundlich zuspreche / sie tröste vnd stärcke / so gut als er kan. Solches ist billich." Ebd., S. 131.

[164] „Denn wenn man etwann im Nothfall oder zur zeit der Verfolgung keine ordenliche Kirchendiener haben kan / die ex officio solchen Leuten zusprechen / so kan offt ein gerin-

ger Mensch / oder auch wol ein frommes Weibsbild ein Trostsprüchlein bringen / daß den betrübten erquicket vnd auffrichtet." Ebd., S. 132f.

[165] Zit. nach Klibansky, Panofsky, Saxl, a.a.O. (wie Anm. 1), S. 69.

[166] Bader, a.a.O. (wie Anm. 1), S. 25.

[167] Vgl. Klibansky, Panofsky, Saxl, a.a.O. (wie Anm. 1), S. 373f.

[168] Vgl. WA 5, S. 602 (Operationes in Psalmos, zu Ps 22): „Conceditur ab omnibus, in Christo simul fuisse summum gaudium et summam tristitiam, item summam infirmitatem et summam virtutem, ita summam gloriam et summam confusionem, ita summam pacem et summam turbationem, ita summam vitam et summam mortem [...]." Diese Dialektik in soteriologischer Hinsicht konsequent zuende denkend hebt Luther die klassische Christologie dann auf eine höhere Ebene und wendet das eben Gesagte neu: „Quid ergo dicemus? simul Christum summe iustum et summe peccatorem, simul summe mendacem et summe veracem, simul summe gloriantem et summe desperantem, simul summe beatum et summe damnatum? Nisi enim haec dixerimus, non video, quomodo a deo derelictus sit [...] Cum autem percussio dei, qua pro peccatis percutit, non solum poena mortis sit, sed et pavor atque horror perturbatae conscientiae, quae iram aeternam sentit et sic habet, ac si inaeternum esset derelinquenda et proiicienda a facie dei [...] certe pronum sequitur, et ipsum fuisse passum pavorem horroremque conscientiae perturbatae et iram aeternam gustantis. Dicit enim Apostolus ad heb. 4., quod tentatus sit per omnia in similitudinem absque peccato.

Et iterum ‚debuit per omnia fratribus assimilari, ut misericors fieret'." (Ebd., S. 602f).

[169] Völker (Hg.), a.a.O. (wie Anm. 2), S. 303–305.

[170] „Ich kan durch wahnwitz fast so gute Verse schreiben / Als einer der sich läst den weisen Föbus treiben / Den Vater aller Kunst."

[171] „Und Himmelischer Geist / wann der sich in mir reget /
Entzünd ich als ein GOtt die Hertzen schleunig an /
Da gehn sie ausser sich / und suchen eine Bahn
Die mehr als Weltlich ist. Hat jemand was gesehen /
Von der Sibyllen Hand / so ists durch mich geschehen
[...] Wann nemlich meine Krafft / so hohe Sachen liebet
/ Ihm auch / was Göttlich ist / in Kopff und Feder giebet."

[172] „Es treugt mich / was ich seh'/ und bild es mir doch ein /
Der Tag bedünckt mich Nacht / und Nacht der Tag zu seyn.
[...] Ich sitz / ich lieg / ich steh / ist alles in Gedancken."

[173] „Bald denck ich an die Sünden
Und denn so muß ich Angst / O Zentnerangst! empfinden /
Wann je der grosse GOtt mit Donner auff uns schlägt /
So mein' ich daß er auch zu mir kein Hertze trägt.
Kan auch der Pluto fast mehr Plagen umb sich führen?
Kan auch mehr Schmertz und Angst das Höllenheer berühren?"

[174] Vgl. Art. Olearius, 2. Johannes, in: Die Religion in Geschichte und Gegenwart, 3. Auflage, Tübingen 1957–1965 (zit.: RGG³), Bd. 4, Sp. 1625.

[175] „Der schönsten und herrlichsten Gaben GOttes eine ist

die Musica / der ist der Satan feind / damit man viel Anfechtung und böse Gedancken vertreibet / der Teufel verharret ihr nicht. Musica ist der besten Künste eine / sie ist das beste Labsal einem betrübten Menschen / dadurch das Hertz wieder zu Frieden / erquickt und erfrischt wird / sie ist eine Zuchtmeisterin / so die Leute gelinder und sanfftmüthiger / sittsamer und vernünfftiger macht / sie erinnert uns der Freude des ewigen Lebens [...] Wer die Musicam verachtet / wie denn alle Schwärmer thun / mit dem bin ich nicht zu frieden / denn sie ist eine Gabe und Geschenck GOttes / vertreibet den Teufel und macht die Leute frölich [...] Ich gebe nach der Theologia der Musica den nechsten locum und höchste Ehre." Johann Olearius, Geistliche Singe=Kunst / Und ordentlich verfassetes vollständiges Gesang=Buch / Welches ist der ander Theil Der Exemplarischen Bet=Kunst / Darinnen über zwölffhundert erbauliche Lieder auß Gottes Wort / absonderlich aber die Gesänge D. Martini Lutheri, und seiner getreuen Nachfolger [...], Leipzig 1671 (HAB Th 1948), S. b3v/4r.
[176] Ebd., S. b4r.
[177] „Allein dieser Magnes armatus der geistlich bewehrte Magnet / die von Beten und Singen zusammen gesetzte Andacht wird gleichsam gedoppelt / es wird ein Siegreich Feldgeschrey darauß / welches die Mauren zu Jericho fällen / das Feuer vertilgen Daniel c. 3. und alle Feinde verjagen kan." Ebd., S. b5v.
[178] „Denn dem bösen Geist ist nicht wol dabey / wo man Gottes Wort im rechten Glauben singet oder predigt. Er ist ein Geist der Traurigkeit / und kan nicht bleiben / wo ein Hertz geistlich (das ist / in GOtt und seinem Wort) frölich ist

/ davon auch S. Antonius sagt / daß geistliche Freude dem Teufel wehe thue." Ebd., S. b6r.

[179] „Also soll auch die Musica alle ihre Noten und Gesänge auf den Text richten / denn die Musica muß reden lernen / sagte der [...] hochberühmte Musicus Herr Heinrich Schütz / Sie muß wie ein guter Redner die Wort des Texts nachdrücklich vorbringen / und durch die Ohren zugleich das Hertz bewegen. Die Noten machen den Text lebendig / sagt Lutherus in Tischreden c. 68." Ebd., S. c3r/v.

[180] „Die geistliche Singe=Kunst ist eine hertzliche Bewegung über alle Bewegung." Ebd., S. c4v.

[181] ADB 25, S. 631f; DBA 950, 280–293.

[182] ANTIMELANCHOLICUS, oder Melancholey=Vertreiber / Welcher denen Candidatis Ministerii und angehenden Predigern PROMPTUARIUM CONSOLATIONUM eine Vorraths=Kammer allerhand Trostes in allen leiblichen und geistlichen Anliegen / daraus der Usus Paracleticus in ihren Predigten zunehmen; allen rechtschaffenen Christen aber ANTIDOTUM TENTATIONUM ein bewährtes Mittel wider alle Anfechtung / an die Hand giebt, Leipzig 1684 (HAB Th 2044).

[183] Friedrich Balduin, TRACTATUS LUCULENTUS POSTHUMUS TOTI REIPUBLICAE CHRISTIANAE UTILISSIMUS De Materia rarissime antehac enucleata CASIBUS nimirum CONSCIENTIAE [...], Wittenberg 1635 (Priv.bes.).

[184] Vgl. J.A. Steiger, a.a.O. (wie Anm. 119), S. 83f.

[185] „So habe ich den Vorrath zu diesem Wercklein guten Theils zusammen getragen zu der Zeit / da wir wegen der grassirenden Pest und andern schweren Läufften in unserm

gantzen Lande Melancholisch waren." Pfeiffer, a.a.O. (wie Anm. 139), I, S. b Vr.

[186] „In einem ieden Capitel führe ich zu förderst einen absonderlichen Melancholicum auff den Plan / der sein eigen Anliegen auff dem Hertzen hat / und sich wegen deßelben ausführlich expectoriret. Ferner führe ich einen leidigen Tröster / welcher die vorgelegte Knoten nicht füglich aufflößt / sondern gewaltsamer Weise zuschneidet [an...welcher] die Hertzens=Wunde nicht heilet / sondern ärger und das Hertz nicht leichter / sondern schwerer machet. Darauff findet sich aber allemahl ein freudiger Tröster / der nach befindung absonderlich / oder zugleich / dem leidigen Tröster ernstlich ein= / dem bekümmerten Hertzen aber tröstlich zuredet / und an statt des schlechten und zur Verzweiffelung zielenden / einen rechten und zur beständigen Gemüths= Vergnügung angesehenen Rath mittheilet." Ebd., I, S. b Vv – b VIv.

[187] „Von der Melancholey und Scrupeln wegen der Gnugthuung JESU Christi." Ebd., II, S. 308ff.

[188] Ebd., II, S. 311.

[189] „Faustus Socinus giebt einen Leidigen Tröster ab: Wie kann Christi todt und Pein / Doch der Menschen Lößgeld seyn?" Ebd.

[190] „Ach ist das mein Danck? Halt ein! Lästre nicht mein Blut und Pein." Ebd., II, S. 312.

[191] „Nun weiß ich ja am besten wie meine Seele gearbeitet und wie ich mit unvergleich[lich]er Höllenangst mein Leyden am Oelberge angefangen und am stamme des Creutzes beschlossen." Ebd., II, S. 329.

[192] Vgl. J. A. Steiger, Rhetorica sacra seu biblica. Johann Matthäus Meyfart (1590–1642) und die Defizite der heutigen rhetorischen Homiletik, in: Zeitschrift für Theologie und Kirche 92 (1995).

ABKÜRZUNGEN BIBLISCHER BÜCHER

1. Altes Testament

Gen	Genesis (1. Buch Mose)
1Sam	1. Buch Samuel
Hi	Hiob
Ps	Psalm(en)
Prv	Proverbien (Sprüche Salomos)
Koh	Kohelet (Prediger Salomo)
Jes	Jesaja
Dan	Daniel

2. Neues Testament

Mt	Evangelium nach Matthäus
Lk	Evangelium nach Lukas
Joh	Evangelium nach Johannes
Apg	Apostelgeschichte
Röm	Römerbrief
1Kor	1. Korintherbrief
2Kor	2. Korintherbrief
2Tim	2. Timotheusbrief
Hebr	Hebräerbrief
Apk	Apokalypse (Offenbarung des Johannes)

3. Außerkanonische Schriften

Sir	Jesus Sirach

Die Deutsche Bibliothek – CIP-Einheitsaufnahme

Steiger, Johann Anselm:
Melancholie, Diätetik und Trost :
Konzepte der Melancholie-Therapie im 16. und 17. Jahrhundert /
Johann Anselm Steiger. –
Heidelberg : Manutius-Verl., 1996

ISBN 3-925678-62-x

© Manutius Verlag Frank Würker GmbH,
Heidelberg 1996
Druck: Hubert & Co, Göttingen

ISBN 3-925678-62-x